Adolf Prowe

Copernicus, ein dramatisches Gedicht

Festspiel zur vierten Säcularfeier der Geburt von Dicolaus Copernicus,

aufgeführt im Stadttheater zu Thorn

Adolf Prowe

Copernicus, ein dramatisches Gedicht

Festspiel zur vierten Säcularfeier der Geburt von Dicolaus Copernicus, aufgeführt im Stadttheater zu Thorn

ISBN/EAN: 9783743602601

Hergestellt in Europa, USA, Kanada, Australien, Japan

Cover: Foto ©ninafisch / pixelio.de

Weitere Bücher finden Sie auf **www.hansebooks.com**

COPERNICUS.

Ein

dramatisches Gedicht von Adolf Prowe.

Festspiel

zur

vierten Säcularfeier der Geburt von Nicolaus Copernicus

aufgeführt im Stadttheater zu Thorn.

Berlin 1874.

Weidmannsche Buchhandlung.

COPERNICUS.

Ein dramatisches Gedicht

von

Adolf Prowe.

Des Dichters Entschuldigung.

Ein Leben füllt die Sternenwelt
Und perlt im flücht'gen Thauestöpfchen.
Es träumt der Rose Purpurköpfchen
Süss wie die Maid im Myrtenzelt,

Die Mittags-Glut sanft schlafend hält.
Die Sonne malt als gold'nes Knöpfchen
So flammend sich im Wassernäpfchen,
Wie in des Meeres weitem Feld.

Dess Geist zuerst sah regungslos
Die Sonne stehn, den Erdball kreisen,
Hoch ob uns ragt Er einsam gross:

Doch ahnend darf der Welt Sein Bild
Wohl im Gewand der Dichtung weisen,
Wen, Ihm gleich, Wahrheitsdurst erfüllt.

Festspiel

zur 400jährigen Jubelfeier

des Geburtstages von

Nicolaus Copernicus

am 19. Februar 1873

aufgeführt

im Stadttheater zu Thorn.

Uebersicht der Personen.

Erster Aufzug.

1. Lucas Watzelrode, Grossvater ⎫
2. Niklas Koppernigk, Vater ⎬ des Nicolaus
3. Barbara Koppernigk, Mutter ⎬ Copernicus.
4. Andreas Koppernigk, Bruder ⎭
5. Johannes Seiffert ⎫
6. Ein Johannisschüler ⎬ Jugendfreunde des Nicolaus Copernicus.
7. Johannes Auschwitz ⎭
8. Wachschlager, ein Geschäftsführer aus dem Handelshause von Niklas Koppernigk.

Diener, Schiffer, Lastträger u. a.

Zweiter Aufzug.

1. Nicolaus Copernicus.
2. Ein Bauer.
3. Drei Studenten.
4. Dominicus Maria Novara, Professor der Astronomie in Bologna.
5. Cesare Baronio, Professor der Theologie.
6. Johannes Seiffert, Maler.
7. Andreas Koppernigk.

Diener, Landleute und Hirten. Gastwirth und Schenkerinnen.

Dritter Aufzug.

1. Lucas Watzelrode, Bischof von Ermland.
2. Christina von Allen, seine Schwester.
3. Tilman von Allen, regierender Bürgermeister von Thorn, sein Schwager, Gemahl der Vorigen.
4. Wittwe Koppernigk, des Bischofs zweite Schwester.
5. Andreas
6. Barbara } Kinder der Letztgenannten.
7. Nicolaus
8. Wachschlager, Handelsführer der Wittwe Koppernigk.

Kapellane, Diener.

Vierter Aufzug.

1. Nicolaus Copernicus.
2. Johannes Seiffert.
3. Johannes Auschwitz.

Fünfter Aufzug.

1. Nicolaus Copernicus.
2. Johannes Seiffert.
3. Joachim Rheticus, Professor.
4. Ein Domherr.

PROLOG.

Um Nachsicht müssen wir vor allem flehn.
Den spröden Stoff kann nur der Meister zwingen!
Und wir! wie soll's den Schülern, uns, gelingen?
Die losen Bilder mögt Ihr freundlich sehn.

Ein stilles Leben wird vorübergehn
An Eurem Blick, nur reg' durch inn'res Ringen!
Und doch vermocht's so Mächt'ges zu vollbringen,
Dass vier Jahrhundert' staunend davor stehn.

So folgt uns mild, die Ihr zu diesem Feste
Von nah und fern gewallfahrt, liebe Gäste!
Ihr Thorner auch, die in denselben Mauern

Ihr lebt, drin Er das Licht der Welt erblickt,
Er, dessen Name wird so lange dauern,
Als durch den Aether uns're Kugel rückt!

Erster Aufzug.

Thorn. Ein Sommer-Nachmittag im Jahre 1493.

Erste Scene.

Ein freier Platz an der Weichsel. Jenseits des Flusses die Burg Dybow
Seiffert und ein anderer Johannisschüler.

Schüler.
Ein schönes Seeschiff, wem mag es gehören?

Seiffert.
Dem reichen Koppernigk, es kommt aus Danzig.

Schüler.
Dem Koppernigk? dort vom Alt-Thorner Thore?

Seiffert.
Ja wohl! dem Vater unseres Andreas

Schüler.
Andreas möchte selbst gern Seemann werden.

Seiffert.
Ja, nur nicht Kaufmann, wie sein Vater wünscht!
Er will jetzt lieber auch nach Krakau gehen
Und dort studiren, wie der jüngere,
Der einst der Stolz hier der Johannisschule
Und aller Professoren Liebling war.

Schüler.
Sieh nur! jetzt wendet es: »die Hansa« steht
Mit Goldschrift auf des Schiffes breitem Spiegel.
Ein stolzer Name! Doch der stolze Bau
Des grossen Meerpalast's verdient ihn wohl.

Seiffert.
Es ist bei uns gebaut, die Thorner Werfte
Kann längst sich mit der Danz'ger messen: drei
Hat Koppernigk allein schon bauen lassen,
Und eines läuft noch diesen Herbst vom Stapel.

Schüler.
Der Handelsstand ist doch der glücklichste!
Zumal in unsern Hansestädten, wo er auch
Der herrschende! Wie arm und niedrig stehn
Die Häuschen unsrer Handwerksleute neben
Den Prachtgebäuden, drin die Kaufherrn wohnen.

Seiffert.
So stehn wir Armen, wir Enterbten auch
Verächtlich angeseh'n bei denen, die
Der Erde Lust und Pracht sich angemasst.

Schüler.
Und dann im Rath, bedenk', und bei den Schöppen,
Da wird kein armer Tischler oder Schlosser
Als Mitglied eingelassen. Blos die Kaufherrn
Sind Herren dieser Stadt und unsers Landes.

Seiffert.
Gewiss! der Handelsstand ist mächtig hier
In allem Küstenland des Baltenmeeres
Und mächtig an der Nordsee, überreich
Am schönen Adria und Mittelmeer.
Doch wer in solchem Drängen und Gewöge
Mitkämpfen will und ringen um den Preis,

Muss aller stillern Lebensfreud' entsagen,
Und muss für sich nur schaffen und erraffen,
Vergessen, dass er Bürger ist und Christ.

Schüler.

Da sprichst du all zu stark, vergisst du denn,
Was uns Magister Wohlgemuth erzählt,
Wie in Italien in der Stadt Florenz
Seit Anfang dieses Säculums ein Wechsler
Mit Sohn und Enkel unerhört gewirkt!
Vor Kurzem starb Lorenzo Medici,
Der grösste dieses hochberühmten Stammes.
Er war ein Fürst im Geldmarkt und im Rath,
Ein Dichter selbst und Gönner aller Künste.
Florenzia am Arno soll Athen
Und Constantinus gold'ne Stadt verdunkeln.

Seiffert.

Ja, freilich jetzt, seitdem der Türkenstamm
Constantinopels Herrlichkeit vernichtet,
Und alles Schön' und Edle Griechenlands
Mit wilder Wuth zertrümmert hat! Doch lassen
Wir Hellas und Italien! Exempel
Von solchen Handelsherr'n triffst du vereinzelt
Auch wohl in unsern nord'schen Hansastädten.
Gleich Koppernigk, der alte Crösus, den
Wir vorhin nannten, ist ja Beispiel uns:
Wieviel der Mann, der Einzelne, mit Muth
Und Festigkeit bewehrt, vollbringen kann.
Er war als junger Mann mit seinem Schwäher,
Dem Lucas Watzelrode von der Neustadt,
Im Rath der Landbesitzer von Westpreussen
Als Abgesandter unsrer guten Stadt
Und wirkte kräftig für des Landes Freiheit.
Der Schwiegervater selbst, jetzt altersschwach,
War damals Hans von Baysens tüchtigster

Genoss bei der Verschwörung gegen des Ordens
Verhasste Mönchs- und Ritter-Doppelherrschaft.
Und ihnen beiden nur verdanken wir
Den grossen Bund von Marienwerder, ihnen
Das freie Regiment der Weichselstädte.
Nach jenen Burgen seh' ich bloss auf Dybow und die Ruinen des Thorner Komthureischlosses zeigend, und preise
Die rege Kraft des ein'gen Bürgerstandes.
Dort stehn die schwarzen Trümmer unsrer Zwingburg,
Das alte Schloss, dort steht gebrochen Dybow,
Und Nessau ist verschwunden, und der Pflug
Der freien Bauern unsrer Niederung
Geht über's Fundament und die verschütteten
Weinkeller jenes trotzigen Komthurs.
Auch Zlotterie ist in der Hand des Rathes.
Und in dem andern Komthurei-Schloss Birglau
Sind Ställe jetzt und ist ein Pächter-Wohnhaus.

Schüler.

Bei Birglau war's ja auch, wo unsere Fleischer
Den übermüthigen Komthur erlegt,
Der einst bei seinem Rittereid geschworen,
Kein Rind, kein Lamm aus seiner Komthurei,
Kein Hühnchen fürder soll' in Thorner Bänken
Von unsern Metzgern je verhandelt werden.
Die Fleischer aber brauchten Fleisch und zogen
Gesammt gen Birglau aus auf Ochsenkauf,
Bewaffnet gut mit echten Metzger-Waffen.
Da stürzte von der Burg herab ins Dorf
Der Tross des übermüthigen Komthurs;
Allein die Metzger wetzten ihre Messer
Und Ritter-Fleischer wurden da die Fleischer,
Da thaten eine gute Schlacht die Schlächter.
Seit jenem Tag ist auch die grosse Rüstung
Des Birglauer Komthurs bei dem Gewerke.

Seiffert.
Und dieses Beutestück, so wohl erworben,
Hat erst des Rathes Macht-Vollkommenheit
Den Siegern gnädiglich geruht zu schenken!
O geh mir, geh! Wo Handelsleute herrschen,
Da waltet auch ein enger Kaufmannsgeist.
Denk an Venedig und sein Abbild Danzig!
Ich wende mich vom Reich des Glanzes gern
Zu jenen dunkeln Tiefen, wo der Demant
Und edles Gold in stiller Grösse ruhn.

Schüler.
Was meinst du damit?

Seiffert.
Weiss es selbst noch nicht —

Schüler (beiseit).
Verdächtig ist er längst mir. (laut) Meinst du etwa
Die Lollhardswinkel draussen auf der Mocker?

Seiffert (stolz).
Vielleicht. Doch lass das! sieh, da kommt Andreas!
Andreas Koppernigk tritt auf.

Andreas.
Gelobt sei Jesus Christ!

Die beiden Andern.
In Ewigkeit.

Schüler.
Kommst du von Bord, Andreas Koppernigk?

Andreas.
Ja wohl. Das Schiff ist lang erwartet, und
Wir fürchteten schon irgend etwas Schlimmes.

Seiffert.
Doch steht nun alles gut?

Andreas.
Ja wohl! Im Sund
War nur Verzögerung. Die Schifffahrt steigt
Mit jedem Jahr! Unglaublich sei es, sagt
Der Schiffspatron, dass selbst die Russen-Ketzer
Und afrikan'sche Mohren dort mit Christen
Einträchtig Schiff an Schiff zusammen ankern.

Seiffert.
Nur immer weiter so! Arbeitet rüstig
Im Weinberg unsers Herrn, der Tag ist nahe!
Wir kommen immer näher jenem Lichte,
Das schon im Anfang dieses Säculums
Vom grauen Alterthum belebend, wärmend
Herüberschimmern sah Johannes Huss.
Als er am Scheiterhaufen stand, rief er:
Die lange, bange Nacht ist nun herum! — — —

(Die Uebrigen fahren erschreckt zurück.)

Andreas.
Du redest irr!

Schüler.
Wahnsinnig bist du, Seiffert!

Seiffert.
Nicht irr bin ich, Commilitonen, hört
Mich ru**hig** an. Wisst ihr noch nicht, dass Spanier,
Von einem Genuesen angeführt,
In kleinen Schiffen durch das Weltmeer schwimmend,
Ein nie zuvor geahntes Land entdeckten?
Columbus ist der grosse Mann, dess Name
Von einem Erdtheil jetzt zum andern fliegt,
So wie er selbst mit unermüdlicher
Und glüh'nder Wissbegier von Land zu Land
Der Schiffe raschen Schnabel rastlos wendet.

Er selber hat's gesagt der Kastilian'schen
Glorreichen Kön'gin Isabella, dass
Der Alten Schriften ihm die Spur gezeigt,
Der eifrig nachgeh'nd er die neue Welt,
Wie aus den Fluten selbst, geschaffen hat.
So ist das Licht uralter Heiden-Weisheit
Ein richtig leitendes, und du, Andreas,
Mit dessen theurem Bruder Nicolaus
Ich, ach wie gern! in jenen Büchern wühlte,
Die unsers grossen Mainzers Guttenberg
Erfindung jetzt uns allen nahgebracht.
Du solltest lieber beistehn mir, als schelten,
Wenn ich, von deines Bruders Geist erfasst,
Froh-jauchzend rufe: Wohl uns, dass wir jung sind!
Es kommt ein neu Jahrhundert, feuerhell,
Nach langer, banger Nacht heraufgezogen,
Und Grosses schon sah dieses Saeculum!
Was unsre Väter selbst erlebt, durchkämpft,
Ihr wisst's. — Desselben gleichen aber stritt —
Wie wir am nord'schen Meer hier unten — muthig
Im fernen Süd hoch auf der Alpen Joch
Ein kleines Bauernvolk, und schlug den Stolz
Des Ritter-Adels mannhaft-kräftig nieder.
Im Süden, ach, im schönen Süden klingen
Die Myrtenhaine wieder vom Gesang
Der hohen Dichter, die wir all' bewundern!
Im Süden fern, auf italischen blumigen Auen
Da sieht man alle Weisheit niederthauen
Vom reinsten Himmel, jenem ewig blauen,
Den kaum je trübt der Schatten einer Wolke!
Ein neuer Geist regt sich in allem Volke —
Gott wills! — will sich in Wettern offenbaren;
Wohl dem, der feststeht bei dem Einen, Wahren!

Ab.)

(Die Vorigen ohne Seiffert.)

Schüler.

Der finstre Schwärmer! Irr ist all sein Reden!
Vorhin sprach er davon, dass er im Dunkeln
Nach Golde gern und nach Demanten grübe;
Jetzt lässt er sie vom Himmel niederthauen.

Andreas.

Er sagt, mein Bruder habe gleichen Sinn.
Doch bin ich überzeugt, der ist zu ernst,
Als dass er solche Ketzer-Reden billigt.

Schüler.

Sie sind doch sonst von ziemlich gleichem Sinne!
Wer weiss, ob nicht auch Nikolaus vor Zeiten
So dachte? — Soll man's nicht den Patres sagen?

Andreas.

Erzählst du den Dominikanern Alles?

Schüler.

Wenn ich befragt werd' in der Ohrenbeichte,
Was meine Freunde thun und reden, sag ich's.

Andreas.

Doch wenn uns niemand fragt, so schweigen wir.
Mein Oheim Tilman hat ihn lieb, der Herr
Von Allen, unser Bürgermeister, und
Will ihn sogar als Sohn annehmen.

Schüler.

Ja!
Und deine Schwester Barbara, so sagt man,
Liebt ihn noch mehr.

Andreas.

Geschwätz der jungen Mädchen!

Komm', Freund, nach Trepposch mit auf Vaters Wein-
berg;
Da lachen wir beim frischen Most und Kernobst
Ob aller schwärmerischen Beguinen. Will ihn mitziehen.

Schüler zurücktretend,.

Sieh da! sie laden schon aus eurem Schiff
Die grossen Ballen vläm'scher Waaren aus.
(Geht nach der rechten Seite, blickt in die Scene, Matrosen und Leute
mit Gepäckstücken gehen vorüber. Er weist nach der Brücke links.
Sieh', da kommt Einer, der das Brückengeld
Ersparen will und drüben wohl in Podgorz
Das Fuhrwerk stehen liess. Sein armer Diener
Muss jetzt den ganzen Reisesack nachtragen.

Andreas.
Der kommt mir ja bekannt vor.

Schüler.
Auschwitz ist es!
(Die Vorigen. Auschwitz tritt auf.

Andreas.
Grüss' Gott, Johannes Auschwitz, woher kommst du?

Auschwitz.
Woher denn sonst? Mensch! Grades Wegs von Krakau.

Andreas.
Doch mitten im Semester? sonder Anlass?

Auschwitz.
Mensch! mein Triennium ist ja vollendet!
Die Studien sind abgeschlossen und
Die Zeit der wilden freien Burschenlust
Hat aufgehört.

Andreas.
So bleibst du jetzt in Thorn?

Auschwitz.
Ja prosit, Freund, ich danke für dies Nest —
Obschon es einst der grosse Kasimir
Die Königin der Weichsel pomphaft nannte!
Wie traurig steht sie jetzo neben Danzig
Und Elbing auf der Norder-Seit' und neben
Krakau und Warschau auf der südlichen!
Ich geh nach Elbing.

Andreas.
Und als was?

Auschwitz.
Ich bin,
Du weisst es ja, ein Philolog' und will
An der latein'schen Schul' als Lehrer wirken.

Schüler beiseit.
Schulmeisterlich ist auch sein ganzes Aussehn.

Andreas.
War ich doch erst so weit wie du! Doch sage
Wie geht es meinem Bruder denn in Krakau?

Auschwitz.
Er lässt dich grüssen. Lebe wohl!

Andreas.
Du eilst
Ja so, erzähle doch von ihm, wir warten
Seit sieben Monden schon auf Nachricht.

Auschwitz.
Jetzt
Bin ich zu sehr ermüdet. Willst du mehr
Von deinem Bruder hören . .

Andreas.
　　　　　　Lieber Auschwitz,
Wenn du so freundlich sein willst, komm doch mit
Zu meinem Ahn, hier gleich am Jakobsthor.
Er wohnt allein, der Greis giebt gern Dir Herberg.

　　　　　Auschwitz.
Wenn das ist, Mensch, so komm ich. Vorwärts,
　　　　　zu seinem Diener Kubba'
Der Diener hebt die Gepäckstücke wieder auf und geht

　　　Andreas zum Schüler.
Wir, Freund, gehn dann wohl später erst nach Troppesch.

　　　　Schüler im Weggehn.
Zu sehn, wie Barbara mit Seiffert kost?

　　　Andreas ihm nachblickend.
Ein Eifersüchtiger sieht Alles schwarz. besset
Doch will ich Seiffert warnen: der
　　　　　　auf den Abgehenden zeigend
　　　　　　ist tückisch!
　　　　　　　Alle ab.

—

Zweite Scene.
Schreibstube im Hause des alten Kaufherrn Koppernigk.

　　　Niklas Koppernigk
　　spricht zu einem Diener der an der Thür steht.
So lass ihn kommen! soll er draussen stehn?
　　　　　　　　　Diener ab
Vielleicht das Schiffsmodell sich anzusehn,
Das an der Decke hängt als Hausflur-Schmuck?
Wohl mag's der Jugend ihn wie mich erinnern.
　　　Wachschlager tritt ein.

Seid Gott-willkommen in der Heimath, Alter!
Wie geht's in Brügg' und Bergen unsern Hansen?
Steht noch der Stahlhof an der Thems' in London?
Maria, Joseph! sagt, wo sind die Zeiten,
Da wir zusammen durch die grüne Nordsee
Die windgeschwellten Segel frisch gesteuert,
Den jungen Busen selber muthgeschwellt?

    Wachschlager.
's war bös genug auch dazumalen, Herr!
Jetzt sind wir doch von Kriegsgetümmel frei:
Da kann die Hansa glatt dem Handel nachgehn.
Die Flandrer sprechen viel vom jungen Philipp,
Dem Sohn der Landesherrin und des Kaisers,
Der sei gewillt sich Spanien zu verschwägern:
Das gäbe neuen Aufschwung unserm Markt,
Die span'schen Häfen stünden dann uns offen.

    Koppernigk.
Ja, ja! die Welt geht vorwärts; aber wir —
Nun wir sind worden alt, Gott sei's geklagt!
Wär' nur mein Eidam Gertner hier aus Krakau:
Denn meine Söhne, wisst Ihr ja, sind mir
Ganz aus der Art geschlagen und zum Bischof,
Dem Bruder ihrer Mutter, abgefallen.
Da dünkt mich's oft, als müsstest du am Ende,
Wenn mir das Stündlein schlägt, Haus Koppernigk
Aufrecht erhalten für die Enkelkinder.

    Wachschlager.
Da sei Gott vor, dass ich den Herrn begrabe!
Ihr seid bejahrter nicht als ich: so sechszig —

    Koppernigk.
Weit drüber, Freund, weit drüber! meine Frau
Wird fünfzig und ich war doch traun! weit älter
Als sie, da ich vom Junker ward zum Kaufmann.

Frau Koppernigk tritt ein.
Mein theurer Eh'herr!

Koppernigk zu Wachschlager.
Seht, da gilt das Sprichwort.
Kaum redet man vom Wolf, so ist er da.
Geht, Alter, in's Kantor! ich folge bald;
Hier ist nun vom Geschäft nicht mehr zu reden.
Wachschlager ab.

Frau Koppernigk.
Mein Eh'herr, wisst Ihr schon, wer angekommen?

Koppernigk.
Das Schiff ist angelangt, jawohl —

Frau Koppernigk.
Auch das?
Ich hör's von Euch zuerst, zwiefache Freude!

Koppernigk.
Wie so? welch' andre wisst Ihr?

Frau Koppernigk.
Auschwitz ist
Aus Krakau angelangt und hat uns Grüsse
Von Nikolaus gebracht.

Koppernigk.
Von Nikolaus?
Das ist mir lieb! wie geht's dem guten Jungen?
Studirt er fleissig? braucht er etwa Geld?

Frau Koppernigk.
Ich weiss nicht, flüchtig liess Andreas nur
Mir melden, dass er Auschwitz hab' in Vaters
Neustädtschen Garten hingeführt; ich kam
Drum fragen, ob Ihr mitkommt?

Koppernigk.
Jetzt? ich habe
Den ganzen Kopf voll! Sorgen über Sorgen!
Da sind die kostbar'n schweren Seidenstoffe
Aus Frankreich und die Flandrer Tuche rasch
An's Land zu schaffen. Herr Andreas sollte
Dabei sein; aber der hat and're Dinge
Im Kopf als mein Geschäft, spazieren, plaudern!
Was noch aus all' dem werden soll, weiss Gott!
Wie anders waren wir! Doch jetzt? Gott's Tod!
Die Jugend schwelgt, die Eltern müssen sparen —
Wir gehn zu Fuss, die Herren Söhne fahren.

Frau Koppernigk.
Drängt's Euch nicht auch von Nikolaus zu hören?

Koppernigk.
Ich habe keinen Augenblick für müss'ges
Geplauder übrig. Andrees freilich weiss
Vor Ueberfluss an Zeit sich nicht zu wahren.

Frau Koppernigk.
Mein theurer Eh'herr, habt Ihr ganz vergessen,
Dass unser greiser Vater, matt und matter —
Vom Leben schon gesättigt, schwer gedrückt
Durch achtzig Jahre, die sein Haupt gebleicht —
Dem nahen Tode sich entgegen sehnt?
Dass jede Stunde — —

Koppernigk.
Ja doch, ja! ich komme,
Sobald das Wichtigste besorgt ist, nach! —
Wo ist Eu'r Vater denn?

Frau Koppernigk.
                          In seinem Gärtchen
Am Nonnenkloster bei der Jakobskirche —
Ihr wisst, er sitzt so gern dort nah' am Thor
Und sieht aus seiner Laube stillem Dunkel
Das Gotteshaus mit hundert Thürmchen ragen,
Mit buntem Mauerwerk geziert. Es glänzen
Der Sonne letzte Strahlen noch vergoldend
Auf all der hohen Strebefenster Scheiben;
Das Glöckchen ruft mit hellem Silberton
Zur frommen Abend-Andacht — —

Koppernigk.
                          Schön, sehr schön,
Mein lieb Gemahl, geht nur voran, ich muss
Hier wirklich klingend Silber, greifbar Gold
Nachzählen, — meldet mich dem Vater an.

Frau Koppernigk.
Ganz wie mein Herr befiehlt.
                          Koppernigk ab.

Frau Koppernigk allein.
                          Doch wart' ich lieber
Denn unsere gestrengen Eh'herrn halten
Nicht immer pünktlich Wort, man muss sie treiben;
Ich klappre mit dem Schlüsselbund, ich rufe
Die Magd drei-, viermal, laut und lauter, bis
Der Herr Gemahl sich endlich aus Verdruss
Den langen Mantel umnimmt, das Barret
Auf seinen Kopf setzt, und — der Frau gehorcht.
                                      (Ab.)

Dritte Scene.

Garten des Lucas Watzelrode. Links ein Tisch und mehrere Stühle.
Auf dem Tische eine Weinkanne mit Bechern.

Watzelrode geführt von Auschwitz und Andreas
kommen den Gang herauf.

Auschwitz.

Und an die Heimath denkt er selten, oder
Dass ich es offen sage — nie hab' ich
Von ihm ein Wort gehört, aus dem man Sehnsucht
Nach seiner Vaterstadt und seinen Freunden
Wahrnehmen könnte; selbst als ich ihn fragte,
Was er nach Thorn mir zu bestellen gebe,
Besann er sich nicht lang', und sprach nur: Grüsse!

Watzelrode.

Ich werd' euch zu beschwerlich, Kinder! Lasst
Auf diesen weichen Sitz mich nieder; gern
   Sie setzen sich. Andreas giesst Wein ein.
Blick' ich von hier zum schönen Giebeldach
Der Kirch' empor und höher auf zum Himmel.

Auschwitz.

Das muss ich sagen. Darin gleicht Eu'r Enkel
Euch gänzlich, himmelaufwärts blickt er gern.

Watzelrode.

Im Himmel ist ja unser Heimathland.

Auschwitz.

Doch auf der Erde lebt sich's auch behaglich, trinkt
Ein guter Wein! Ich sag's, obgleich der Ungar
Von Krakau mir noch warm im Leibe glüht.

Andreas.

's ist Thorner Landwein, selbst gezogenes
Gewächs vom Jakobsberg.

Auschwitz.

Ich muss gestehn,
Wir lachten in Galizien, wenn wir Thorns
Gedachten, und des bittersauren Weines.
Doch jetzt begreif' ich, wie der grosse Mann,
Winrich Kniprode, sagen konnt' bei Tafel
Zu seinen Ordensherren: Gebt mir Wein
Vom Thorner Jakobsberg genug — und mit
Zwei Fähnlein Rittern und dreihundert Knappen,
Will ich, wenn Henning Schindekopf mir beisteht,
Dem Keistut ganz Litthauenland entreissen.

Andreas.

Auch Hans von Sagan bat ja wohl nach Rudau's
Glorreicher Schlacht vom selb'gen Herrn Kniprode,
Dass er mit allen Schustern aus dem Kneiphof
Alljährlich dürf' am Tag der Himmelfahrt
Auf Ordens-Rechnung Thorner Jakobsberger
So viel ausstechen, bis sie niedersänken . . . . .

Auschwitz.

Ja, Jakobsberger! Hans von Sagan war
Aus Schlesien. Der wird wohl vom Grüneberger
Genug belehrt gewesen sein. Löbnichter
Schwarzbraunes Bier, das, Freund! hat er begehrt
Und manches Fass auf Winrichs Wohl geleert.

Watzelrode.
Ihr sprecht von Winrich von Kniprode? Kinder!
Ja, wären nach ihm die Hochmeister so
Wie er gewesen, noch wär' ihr Westpreussen.

Auschwitz.
Ihn rühmen heut' auch noch die Werderer Bauern,
Die ja zu seiner Zeit auf Tonnen Goldes
Zum Festmahl ihm den Fürstensitz bereitet.
Und in Marienburg zeigt man noch die Rüstung
Von schwerem Gold, die ihm die Stadt geschenkt
Zu seinem wunderreichen Huld'gungstage.
Spricht auch wohl noch im Scherz von unserm Kuchen,
Dem ungeheuren Pfefferkuchen, den
Vier Pferd' auf einem langen Wagen fuhren.

Andreas.
Sag', sind die Thorner Pfefferkuchen wirklich
Im ganzem Ausland so berühmt, wie man
In Thorn sich gern erzählt?

Auschwitz.
    Die Thorner lieben
Ihr altes Thorn gar sehr, wie alle Thoren
Den Ort besonders rühmen und verehren,
Wo sie zuerst das Licht der Welt erblickt.
Sonst ist es wahr, die Thorner Pfefferkuchen
Sind bis nach Nürnberg wohlbekannt, und dort
Nennt man die besten Honigkuchen Thorner,
Wie man die schönsten hier Nürnberger heisst:
Ein honigsüsser Ruhm ist das für Thorn.

Watzelrode.
Du junger Mann, dein Witz ist jugendlich
Und spielt noch leicht mit glatter Spitze; sorge,

Dass nicht zu früh die stumpfe stachlicht wird —
Euch ziemt der Scherz; lasst Greise grämlich werden,
(seinen Becher erhebend
Und weil ich selbst ein Greis — verzeiht die Mahnung!
sie stossen an.
Niklas Koppernigk und seine Frau Barbara (treten auf).

Niklas Koppernigk.

Gelobt sei Jesus Christ!

Die Uebrigen.
In Ewigkeit.

Koppernigk.

Wie steht es mit der Lebenskraft, Herr Vater?

Watzelrode.

Das alternde Gebein versagt dem Geist
Allmälig doch den Dienst, es geht zu Ende.
Wohin sind jene Zeiten, Nikolaus,
Da Nessau wir im Sturm und Dybow brachen —
Da wir das alte Schloss zum Himmel auf
Mit Berthold Schwarzen's schwarzem Pulver sprengten!

Koppernigk.

Ja, theurer Schwäher, gern gedenk' ich dessen,
Wie Ihr dem Jüngling rechten Pfad gewiesen.
Denn mancher war in älteren Geschlechtern,
Dess Ahnherr einst dem Orden angehört,
Auch mancher, der durch treue Dienstbarkeit
Sich einen Platz im grossen Bund der Ritter,
Der stolzen Ordensherrn, erwerben wollte.
Wohl denk' ich gern daran! Im jungen Herzen
Stand flammend noch der Ruhm von Hermann Salza,
Der nur durch Gott und Gottes Mutter gross,
Mit kleiner Schaar dies weite Land erobert.
Hier traten sie zuerst auf Preussens Erde.

Noch ragt' anstatt des Thurms von St. Johann
Die ungeheure Eich', ein Wald im Walde,
Und Tann' und Fichte starrt' auf Trepposch's Bergen,
Und stromab bis zum Meer wogt' finstrer Urwald.
Nur Rohrgebüsch bedeckte leise flüsternd
Hier grünen Sumpf, dort blanker Seen Strand.
Und drinnen hauste, grass und riesenhaft —
Wovon wir Nachgebornen schon der Knochen,
Der Hörner und Geweihe Rest' anstaunen —
Ein ungeheures Thiergeschlecht; und welch'
Gewalt'ge Menschenleiber die Natur
Zum Kampfe mit des Waldes Ungethümen
In diesem nachtumhüllten Land geschaffen,
Bezeugt noch jetzt manch' Hünengrab, berghoch.

Auschwitz.

Ja, ja! wer glaubt es wohl, was man erzählt
Von Herkus Monte, dem Natanger-Reik,
Dem grossen Keulen-Helden, der die Bäume,
Die ihm im Wege standen, mit den Händen
Ergriff und sammt der Wurzel ausriss? gelt!

Koppernigk.

Und solcher Höllenmacht furchtbaren Schrecken
Bot kühn die kleine Schaar von Hermann Balk
Den Kampf an um des Landes Herrschaft und —
Bestand den Kampf um dieses Landes Herrschaft.
Der wunderbare Heldenbund, wie sollt' er
Mein ganzes Herz nicht, nicht die Phantasie
Des Knaben mit Begeisterung erfüllen!
Wir waren unser zehn, die der Komthur
Im alten Schloss um sich versammelt hatte,
Zehn Thorner Knaben, aus den ersten Häusern;
Wir staunten an der hohen Bogen Pracht,
Wir schwärmten für der Ritter blanke Rüstung,

Wir tummelten die kleinen Litthau-Pferdchen,
Wir jauchzten, wenn im kind'schen Lanzenspiel
An Gegners Brust der Weidenspeer zerbrach.
Nichts Andres lag uns Allen da im Sinn,
Als einst an Polen alte Schmach zu rächen,
Für Tannenbergs furchtbare Niederlage
Den goldnen Thron in Petrikau zu brechen.
Da traf ich einst am schönsten Lebenstage
Den edlen Bruder meiner theuren Gattin . . . . .

Watzelrode.
Ja, meinen Sohn, den lieben guten Lucas!

Koppernigk.
Und Euch, mein theurer Vater. In dies Haus,
In diesen Garten trat ich ein als Knappe, —
Des Ordenritters Glanz und kalten Ruhm
Vor Augen und im Herzen lieblos tragend —
Und trat heraus als Liebender, als Bürger.

Frau Koppernigk.
Von welchen Zeiten sprecht Ihr, theurer Eh'herr?
Ist Euch denn in des Marktes, in des Hafens
Getös und Drängen nicht der Traum erstorben,
Der einst uns beid' im Jugendland umblüht?

Koppernigk.
Erstorben ist uns nichts, was einst geblüht.
Zu Auschwitz gewendet.)
Zur Frucht erkeimt ist jener Jugendtraum.
Fünf Kinder gab uns Gott, und Katharina,
Die älteste, hat schon Enkel uns geschenkt,
Zwar fern von uns — Ihr saht sie ja in Krakau.
Doch Kinder sind auch nur ein Darlehn Gottes.
Wohl dem, der Eins als Greis noch bei sich hat.

Watzelrode.

So ist's! Eu'r liebes Weib war stets mein Trost,
Wenn ich des fernen Sohnes seufzend dachte
Und Tilmans kinderlose Gattin mich
Mit Klagen über Seiffert traurig machte.

Koppernigk.

So geht's auch uns am End'! Ich seh's! die Söhne
Ziehn fort auf eigner Bahn. Die Tochter muss
Allein zuletzt die alten Eltern trösten.
Wenn Nikolaus nach hohen Ehren strebt,
Wenn Andrees bald dem Ohm und Bruder folgt,
So bleibt uns doch noch Barbara, die Stütze
Des Hauses, treu im Schaffen und Erhalten.

Watzelrode.

Nun, nun! auf Martin, euren kleinsten Sohn,
Könnt Ihr ja auch als Altersstütze rechnen.
Der liebt den Markt mehr als den Büchersaal.
Er einzig wird den Namen Koppernigk
Noch für die Zukunft hier in Thorn erhalten.

Koppernigk.

Geb's Gott, dass er ihm Ehre macht; denn Thorn
Braucht mehr als andre Städte Preussens Männer,
Die opfermuthig für's Gemeinwohl einstehn.
Sonst wird die schwererrungne Freiheit bald
Vom poln'schen Adel wieder, so wie einst
Vom übermüth'gen Orden, unterdrückt;
Denn arg gefährdet ist sie wirklich schon.
Denkt nur! Die Weichselbrück', die wir gebaut,
Will der Starost von Dybow uns entreissen
Und als des Königs Eigenthum besetzen!
Der Rath, statt loszuschlagen, unterhandelt,

Und euer zweiter Eidam Tilman Allen
Beschwichtigt noch die Kaufmannschaft, die schon
Von mir erregt die Waffen wollt' ergreifen.
Wie anders haben wir zu unsrer Zeit
Dem Lande frisch gedient! Das waren Zeiten!
Wir schufen erst uns unsern Heimath-Staat,
Dess Freiheit unsre Väter schier veräussert.
Gott's Tod! Wie hat sich alles nun verwandelt!
Thorn heisst noch freie Stadt; doch Polens König
Herrscht grad' so hier, wie der Hochmeister sonst!
Die feige Jugend dieser Bürgerschaft,
Lässt sich von fremden Satelliten knechten!
Gott besser's! Schweigen muss der Greis ....

Setzt sich.

Watzelrode
drückt ihm die Hand.

Mein Sohn!

Auschwitz.

Hört, liebe Herrn, ein Trost ist euch bereitet:
Der Nicolaus, wie ich Herrn Watzelrode
Vorhin schon hab' erzählt, studirt nicht mehr
Theologie, Er hat sich andern Studien — —

Fr. Koppernigk.

Nun ja, er treibt beiher noch Medizin.

Auschwitz.

Nein, nein, er hat jetzt Alles aufgegeben.
Sein grosser Landsmann, Regiomontan,
Hat ihm den Kopf gefüllt mit Schwindelplänen ....

Fr. Koppernigk.

Wer ist das? Regiomontan? in Krakau?

Andreas.
Nein! Mütterchen, der Mann ist lange todt.
Vor dreissig Jahren starb er, hoch berühmt
Durch seine Kunst, die Sterne zu berechnen.
Er ist als grosser Astronom vom Papst
Nach Rom gerufen und im Pantheon,
Wo nur die grössten Männer ruhn, begraben.

Anschwitz (höhnisch).
Ja, solch ein Mann will Euer Niklas werden.
Drum ist er plötzlich nach Italien
Gereist, wie ich schon hab' erzählt vorhin ......

Koppernigk und Frau.
Was, nach Italien? nach Rom?

Andreas.
Ja wohl!
In Padua will er noch erst studiren,
Und dann nach Rom gehn, liebe Eltern, wie
Der grosse Landsmann Regiomontan.

Auschwitz spitz.
Doch ganz kann er nun dem schon nicht mehr gleichen;
Denn jener ist mit Peurbach aufgewachsen,
Dem andern grossen Himmelskundigen.
Sie haben unser Deutschland weit berühmt,
So wie's vor Zeiten war, in aller Welt
Des Deutschen Geistes Ehre gross gemacht.
Ja, ihnen dankt man die Astronomie,
Die grosse, neue Wissenschaft, die fast
Vergessen war die ganze Ritterzeit.

Watzelrode.
Und warum soll ihn Niklas nicht erreichen?

Anschwitz.
Ja, lieber Gott, der Regiomontan
War mit zwölf Jahren schon Student in Leipzig,

Mit fünfzehn Lehrer der Astronomie
In Wien beim grossen Peuerbach, sie haben
Zusammen unser ganzes Firmament
Berechnet, ausgemessen und erklärt;
So etwas ist noch niemals dagewesen.

Watzelrode mächtig erregt.

Und Andre hört' ich sagen: »Alles ist
Schon dagewesen!« Doch, dem Greise glaubt!
Niemalen war ein Geist wie Nikolaus,
Ich kenn' ihn ja von seiner ersten Kindheit.
So hoch ist nie ein Falk vom Weichselthal
Zum Aetherblau gestiegen, wie mein Enkel!

Auschwitz tritt seitwärts mit Achselzucken zu Andreas).

Fängt er sein Irrereden wieder an?

Andreas (zu Auschwitz flüsternd).

Er redet in Verzückung, wie ich Dir
Schon gleich gesagt, wir sehn ihn öfters so.

Watzelrode sich erhebend.

Ein Adlergeist ist Niklas Koppernigk.
Ihr werdet einst am Firmament ihn sehen,
Wenn lang' schon unser Haupt in Staub zerfiel,
Wenn auch sein weltumfassendes Gehirn
Vermodert ist, wie das des grossen Salza —
Wenn nicht der weisse Aar mehr, wenn der schwarze,
Der neuerstarkte Kaiseradler Deutschlands,
Zum stolzen Schutz die Flügel über Thorn
Ausbreitet — wenn ein anderes Geschlecht
In diesen Mauern lebt, wenn Polen längst
Verschwand, zum Mährchen ward der Ritterorden —
Wenn die Familie Koppernigk verscholl,

3 *

Im Stadtarchiv aus staub'gen Bücherborden
Mühsam ihr Nam' erforscht wird — o! dann soll
Noch Nikolaus Koppernigk auf Erden
In aller Völker Mund gepriesen werden!

sinkt zurück.)

Koppernigk aufspringend).

Ihm ist nicht wohl! er hat zu lang' gesprochen!
Der Abend ist schon kühl, — führt ihn ins Haus! — —

(Watzelrode, wird abgeführt.

Andreas zur Mutter).

Ich will zur Stadt, zu Eurer Schwester eilen!

Frau Koppernigk.
(Wie aus einer Verzückung erwachend, mit ausgebreiteten Armen.)

Mein Nikolaus, wo magst du jetzo weilen?!

Zweiter Aufzug.

Zeit:

1. Abschnitt. Padua. Ein Abend im Sommer 1493 derselbe wie im ersten Aufzuge.
2. Abschnitt. Bologna. Frühling des folgenden Jahres 1494. Morgen des 9. März.)
3. Abschnitt. Rom. Ein Abend und der folgende Morgen des 30. und 31. October 1500.

Prolog.

Nun folgt uns weiter! lasst die engen Schranken
Des sandumkränzten Thorn! Das Weichselland
Flieh' hinter euch zurück! Mit der Gedanken
Windschnellem Segel steuert zugewandt
Dem blüh'nden Süden, wo sich schwellend ranken
Entlang der Brenta üpp'gem Uferrand
Cypressen-, Myrten- und Orangenbäume,
Ein Paradies, ein holdes Reich der Träume.

Ihr selber lenkt ja gern auf eis'gen Pfaden
In jenes schöne Thal den Wanderstab,
Wo sich im breiten Po Oliven baden
Wo Rom erstand, ein Phönix aus dem Grab!

Ein grosses Volk herrscht jetzt von den Gestaden
Des Adria zum Mittelmeer hinab.
Nicht krankt's zerrissen mehr an alten Wunden,
Durch Einheit wird's zur frühern Kraft gesunden.

Denn einst, als eure grossen Väter lebten,
Da war Italien dem Himmel gleich.
Und wenn vom Kriegeslärm die Alpen bebten,
Klang's am Vesuv und Aetna silberweich:
Da war's, wo ihre Zauberlieder webten
Ariost und Tasso, wo das Kaiserreich
Der Deutschen hoheitsvoll auf Erden thronte,
Der Papst in Rom und Gott im Himmel wohnte.

O, da begann das friedlich edle Wandern
Aus Deutschlands Gau'n südwärts zum Alpenschnee;
Da kamen sie von Oestreich und von Flandern,
Ja, selbst gewallfahrt von der balt'schen See!
Rom stand, Florenz, Venedig, all' die andern
Glanzvollen Städt' auf ihres Ruhmes Höh'.
Wie Peurbach und Regiomontan gezogen
Kam Koppernigk auch zu der Brenta Wogen! —

Nun seht Ihn selber jetzt, der hehr gewaltet,
Wie ein Regent durch aller Sterne Chor!
Seht Ihn: — — wie Er sich langsam fest gestaltet,
Bis dass, ein Welt-Neuschöpfer, er empor
In nie gescheh'ner Grösse wuchs — und schaltet
Als Herr nun mit der Sonnen Strahlenflor!
Seht Ihn als Jüngling, dem sich Greise neigen,
Und uns vergebt, die Ihn gewagt zu zeigen.

Erste Scene.

Ein Lorbeer-Gebüsch bei Padua

Bauer. Copernicus.

Bauer.

Hier, Fremder, ist ein alter Römerstein
Im Ahorn-Schatten für die Wanderer
Vor grauen Jahren aufgestellt. Hier wollen
Wir Ruhe pflegen nach dem starken Marsch.

Sie setzen sich

Warum verliessest Du den Maulthiertreiber,
Und gingst im öden, buschigen Gestrüpp
Allein umher, wo Paduaner selbst —
Denn dorten führt kein Weg — oft irre werden?
Nun bist du redlich müde.

Copernicus.

Nicht so sehr.
Die kurze Ruh' erquickt mich wunderbar.

Bauer.

Das macht dies kleine wunderthätige
Antonio-Bild. Du siehst ihn dort, den Heiligen,
Den unsere Stadt zum Schützer sich erkor.

Copernicus *halblaut*.

Der Schatten auch thut's und der kühle Steinsitz.

Steht auf

Wie kann Ermüdung in Italien
Der nord'sche Wand'rer fühlen? *Betrachtet die Umgegend*
Hier ist Eden.

Bauer.

Ja, Fremder, schön ist's hier! Wie wohnt ihr dort
In eurem Nebelland?

Copernicus.
               Die Sterne leuchten
So hell im Norden, wie im Süd! Die Sonne
Geht überall mit lebenswarmem Strahl
Hoch ob der Menschen Häuptern hin! Wir wenden
Von jedem Fleck des Erdballs gern zu ihr
Die Augen, die nach Himmels-Lichtglanz dürsten.

Bauer.
Ja wohl! bei euch besonders mag man gern
Die wenigen Strahlen suchen, die der Tag giebt:
Denn Nacht, so hört' ich einst von Savoyarden,
Nacht ist bei euch oft zwanzig Stunden durch.

Copernicus.
Im Winter! Sommer's ist der Tag dafür
Oft auch bei zwanzig Stunden lang.

Bauer (steht auf).
                         Woher
Kommt das denn?

Copernicus.
     Schwer ist dieser Dinge Kenntniss.
Gott hat sie in Geheimniss tief gehüllt,
Und eben dies zu lernen kam ich her.

Bauer.
So ist es also anders, als bei uns.
In andern Ländern mit der lieben Sonne
Bestellt? geht sie denn nicht bei euch allabends
Wie doch bei uns ihr grader Lauf ist, links
Vom Alpen-Bergwall unter? Geht auch rechts nicht
Jenseit des Adria im Frühroth auf?

Copernicus.
Nicht Alpen sind bei uns, nicht Adria.
Ein grosser Fluss, wie Euer Po, strömt mitten

Durch sandige Hügel, breit mit gelben Wogen
Dumpf rauschend hin, und nur am nächsten Rande
Sind grünumkränzte Fruchtgestade freundlich
Gelagert! Rothe Dächer, weisse Häuser,
(Drin gute Menschen wohnen) blicken lachend
Hervor aus Wiesentrift und Aehrenfeldern.

Bauer.
Und sind Oliven dort sammt Myrten-Wäldern?

Copernicus.
Nein, doch der Eichen-Waldung hoch Gewölb'.

Bauer.
Orangen auch nicht? roth wie Gold und gelb?

Copernicus.
Auch nicht Citronen, aber Kirsch' und Pflaume ....

Bauer.
Doch manche Traube glüht am Ulmenbaume?

Copernicus.
In Gärten reifen langsam blasse Trauben.

Bauer.
Und Lorbeer mischt sich mit Cypressen-Lauben?

Copernicus.
(vortretend, in Gedanken halb für sich
Der Väter heil'ges Grab umschatten Weiden,
Die trauernd dunkelgrüne Zweige senken.
Auf Bergen ragt in langen, düstern Reihen
Der Tannen ernster Wald, den Wolken tränken.
Mein Vaterland ist arm; — doch theure Leichen
Ruh'n dort im kühlen Grund, und sehnend lenken
Aus jedem reichern Land sich unsere Blicke
Zur Weichselflur Westpreussens fromm zurücke.

Bauer.
Ihr Deutschen kommt soviel hierher gegangen
In unser Sonnenland. Ich glaube kaum,

Dass ihr zufrieden sein könnt dort im Norden.
Du sagst ja selbst, dass auch die Sonne zögert
Ihr mildes Licht gleichmässig euch zu spenden.
Bei uns geht sie zur selben Stunde täglich
Im Osten auf, zur selben westlich unter —
Wie jetzt sie ihren Kreis vollendet hat,
Und uns die Nacht zur Heimkehr freundlich mahnt.
(Winkt nach der Stadt zu.)

Copernicus.
Geh, Freund, nach Padua voran, ich folge
Dir bald, der Weg ist eben jetzt und sicher.
(Setzt sich.)

Bauer.
Bedenklich nur gehorch' ich Dir, Du Fremder.
Doch jene Sterne sind Dir ja bekannt,
Sagst du, die schon ihr treues Licht versenden
Vom Himmel her aufs nächtlich stille Land.

Copernicus.
Bekannt, mehr als Du ahnst, sind mir die Sterne.
Fahr' wohl, mein Freund!

Bauer.
Reis' glücklich, lieber Fremdling! (ab).

Copernicus (allein,
Nach einer Pause, während deren er in Gedanken versunken auf dem
Steine gesessen, aufstehend und die Arme ausbreitend.)
Italia's Himmel, nachtumflort, ihr Sterne,
Wie gold'ne Nägel dort am Firmament
Auf schwarzen Sammt geheftet, Thronsaal Gottes!
Ich steh' im weiten Feld allein, ein Mensch —
Der Erde Sohn, der ihr doch alle dient.
Um unsern Mutterball schwingt ihr in Kreisen
Gleichmässig jeden Tag. Im Chor sind sieben
Kurfürsten euch gesetzt, Verwalter Gottes.

Mond, Venus und Merkur, ihr drei umwandelt
Vertraulich uns zunächst, ihr lieben Lichter!
Wen tröstet nicht des Abendsternes Schimmer?
Wem bringt der Morgenstern nicht Lust zur Tag'smüh?
Und wem löst nicht den Gram der kranken Seele
Das bleiche Licht des wechselvollen Mondes?
Inmitten aber thront die Königin
Des Tages und der Jahreszeiten, Sonne —
Du allerschönster grössester Planet!
Und dann ihr drei, Beherrscher unsrer Staaten
Der Weltgeschichte Lenker schliesst den Reigen:
Blutrother Mars, du Gott der wilden Schlachten —
Und königlicher Jupiter, du Spender
Der Kunst und Weisheit, Herr der höchsten Ehren —
Als letzter dann, du, bleicher Fürst des Geldes,
Saturn mit deiner herben Zeiten-Sichel!
Drei Menschenalter habt ihr drei uns schon
Heraufgeführt: von Gold, von Erz, von Blei. —
Ihr thront am fernsten, aber herrscht am stärksten!
Doch alle sieben ziehen, schlangenwandelnd,
Am Himmel hin und ordnen ihre Heerden! —
Wie herrlich ist das Alles eingerichtet!! —
Wie klar vor meinem Geiste steht die Ordnung
Des Universums. Grosser Ptolemaeus!
Dein Riesenhirn hat mehr noch als die Welt
In seinem Raum gefasst! Du hast die Ordnung
Begriffen, die das Weltall lenkt; — und ach!
Wie schwierig hat der Gottesgeist die Wahrheit
In hundert und in aber hundert Kreise
Dem menschlichen Verstand gehüllt, versteckt!
Könnt' ich dem Bauern wohl, dem einfach biedern,
Erklären, wie die Sonne ihre Bahn zieht?
Doch wie irrst auch und schwankst du, grosse Sonne,
Du Weltalls-Leuchter, Gottes Aether-Thronglanz!
Dir folgt mein Auge täglich, folgt mein Herz;

Du aber wandelst bald im Norden oben,
Bald tief im Süden, schwankend um das Centrum!
Wie kannst du Erdensklav, ob noch so gross —
Des Herren Aug', das Auge Gottes heissen?
Verschwunden bist und bleibst du jetzt zwölf Stunden.
Entzöge wohl so lang sein Gnadenantlitz
Der grosse Gott dem Erdkreis? — oder ist
Der Mond vielleicht, der schweigend heiter droben
Im Sternenchor jetzt steht, manch schwere Nacht mir
Bei trüber Seelenarbeit Zeug' und Beistand,
Gedanken-Freund und Freund der Herzensfülle,
Bist Du vielleicht des Herren zweites Auge? —
Doch welch' ein niedrer Dienst ist's: Andern leuchten!
Und kann dem stolzen König Erdball denn
Zum Fackelträger werden Gottes Licht-Aug'?
O! manches Mal hat dieser Zweifel mich
Im Innersten bedrängt: ich kann's nicht glauben!
Wie aber sonst deut' ich das Dreh'n der Sterne?
Nicht find ich Rath, wohin ich betend blicke.
O, meines Lebens ew'ger Leitstern, — Weltgeist —
O, sende mir ein Zeichen deiner Nähe! — —
Dass ich vom Zweifel endlich mag genesen,
Lass mich die Wahrheit in den Sternen lesen!

<small>Er erblickt im Irren Umherschweifen der Augen einen Lorbeerbaum und umschlingt ihn.)</small>

Wie einst Apoll sich um die Jungfrau wand,
Und Blätter fühlt' und Zweig' in seiner Hand
Statt ihres weichen Leibes rasch ergrünen, —
So wind' ich mich, du Lorbeerbaum, herum
Um dich! O! bist du mir, dem Christen, stumm?
Und bist den Heiden weisheitsvoll erschienen!
Verschwunden ist dein delphisch Heiligthum,
Nicht deiner prophetischen Blätter alter Ruhm — —
Lass Wahrheit mich vernehmen jetzt aus ihnen!

<small>An den Baum gelehnt versinkt er in Träume.)</small>

Drei paduanische Studenten hört man hinter der Scene singen.)
An der Brenta Ufer in schwarzer Nacht,
Da blitzen die goldenen Sterne —
In der Nacht wird der Funke des Geistes entfacht,
In der Nacht, da schwärmen wir gerne.

(Sie treten auf die Bühne.)

Erster Student.

Sieh da, eine komische Stellung, der Mensch hat sich dem Gott Morpheus stehend in die Arme geworfen!

Zweiter Student.

Wenn der Gott Morpheus ein rechter Gott ist, dann wird er ihn schon vor dem Umfallen hüten.

Dritter Student.

Hier aber müsste es die Göttin thun: denn Morpheus liebt es ja, die Menschen mit seinem Mohnkolben zu Boden zu schlagen.

Erster Student.

Welche Göttin meinst du denn? ach, die Daphne, ja Daphne! Freilich, die Göttin hat schon Manchem aufgeholfen, nicht blos ihn aufrecht erhalten, sondern hochgehoben. Wie ist doch das Dante'sche Lied von dem Lorbeerbaum, dem Apollo vor Liebe einen Theil seiner Götterkraft geschenkt hat?

Zweiter Student.

Du Florentiner, wie sagt denn dein Landsmann Allighieri?
»Der Loorbeer krönt des Helden Stirn,
»Er hebt zum Sternensaal —

Erster Student.

»Dein Hirn!« — Denn das wäre dir wirklich manchmal nöthig, dass dein Gehirn ein wenig gehoben würde.

Zweiter Student.

Venetianer sticheln immer gern, darum ist auch bei

Euch die Komödie so gross geworden; das macht die
Seeluft und das scharfe Salzwasser.

Erster Student.

Aufgefangene Brocken aus den Collegien.

Zweiter Student.

Nun, lass uns die Collegien wenigstens Nachts vergessen!
Die Nacht ist ja den Musen heilig seit Anfang der
Menschheit. Auf, Commilitone di Florenzia! Was singt
il grande Mäestro Dante?

Dritter Student (Recitativ).

Ein Lorbeerbaum rauscht' ob mir an den Thoren
Florenzias, der wunderschönen Stadt,
Da war's, wo Ihr Schneefuss die Blumen trat,
Die eben erst des Frühlings Hauch geboren.

Copernicus blickt auf.

Und auch am Lorbeer stand ich, als, verloren
Auf ewig mir, zu Gott sie trug ihr Pfad.
Da war's, wo ich mitgehn zu dürfen bat,
Und mir Virgil zum Führer ward erkoren.

Und zu Beatrix führte mich der Treue,
Des Lorbeers Zweige rauschten tief im Grund —
Durch aller Himmel Sternlicht, Aetherbläue,
Zog mich hinauf zu Gott ihr süsser Mund.

Und als erwacht ich war, prophetisch rauschten
Des Lorbeers Zweig' ob mir, die Sterne lauschten.

Copernicus

(tritt plötzlich vor).

Ja seht Studenten, seht! die Sterne lauschen!
Sie wissen, was des Lorbeers Blätter mir
In leisem Rauschen traumhaft zugeflüstert:
Der Sterne Pracht ist kein Mysterium mehr!
Seht Ihr? Die Sonne steigt aus Nebelgründen,
Die Wahrheit ahn' ich, will sie bald verkünden!

(Ab, die Andern folgen ihm schnell.)

Zweite Scene.

(Zimmer des Professor Dominicus Maria Novara in Bologna.)

Dominico Maria Novara
kommt mit einem Briefe in der Hand.

Höchst sonderbar! Mir widerspricht er stets
Und schreibt doch, dass er wankend jetzt geworden
Durch einen jungen Deutschen von der Grenze
Sarmatiens, der meiner Ansicht beistimmt.
Was muss das für ein Kopf sein, der den Meister
Als junger Zögling schon mit Staunen füllt!

Bedienter.

Signor! Professor Cesare Baronio
Empfiehlt eu'r Gnaden sich und fragt, ob er
Sie nicht zu stören fürchten darf?

Novara.

Er ist
Willkommen mir, *(Bedienter ab)* der grosse Theolog
Und vielgeehrte Freund des heil'gen Vaters.

Baronio *(tritt ein).*

Ich bring' euch, Signor, unverhoffte Freude!
Ein Deutscher ist heut' angelangt aus Padua —
Hieher gesandt durch euren lieben Freund . . . .

Novara.

Wie denn? ich weiss nicht, wen ihr meint, Collega.

Baronio.

Habt ihr denn nicht gewünscht, hier in Bologna
Den Jüngling selbst zu sehn, der Eurer Meinung beitritt,
Dass sich seit Ptolomaei Zeit der Himmel
In seinem Stand und Ort verändert hat —?

Novara (rasch).
Ihr meint Copernicus aus Prussia?
Der junge Mann hat Beifall mir gegeben.

Baronio.
Ein grosser Geist muss in dem Jüngling wohnen,
Dass eure Freude so durch ihn erregt wird.

Novara.
Ich kenn' ihn nur nach Briefen: eben schrieb — —

Baronio.
So habt ihr nicht um Herkunft ihn gebeten?

Novara.
Wie sollt' ich doch? Erst kürzlich ward der Brief
Aus Padua nach Bologna mir gebracht.

Baronio.
Erst kurze Zeit ist's auch, dass jener Jüngling
Die Blicke Paduas auf sich gezogen.

Novara.
Gleich seine Ankunft war höchst wunderbar;
Ich hab's von einem der Studenten selbst.

Baronio.
Vom Florentiner wohl, der bald drauf herkam?

Novara.
Von ihm, der Zeuge jener Stunde war.

Baronio.
Ich hab' ihn noch nicht sprechen können; sagt,
Wie war der ganze Hergang jener Nacht?

Novara.
Er sagte mir, sie kamen ihrer drei
Von einer Wasserfahrt, die Brenta abwärts,
Nach Mesträ vor Venedig spät zurück,
Und gingen quer durch's Land nach Padua;

Da trafen sie am Heil'genbild Antonio's
Copernicus, umschlingend einen Lorbeer.
Wie sie sich ob der seltsamen Gestalt
Verwundert zeigten, halb im Traum der Nacht,
Halb von der Wasserfahrt und feur'gem Weine
Begeistert noch, da singt der Florentiner
Die Schilderung von Dante's Himmelfahrt.

Baronio.

An jene göttliche Komödie
Des grossen Florentiners hat der Landsmann
Sich freilich gern erinnert; — doch fahrt fort!

Novara.

Und wie er kaum das Lorbeerlied gesungen
Und alle noch, von jenen Himmelstönen
Entzückt, verklärt zum Himmel schau'n, da reisst sich
Der fremde Jüngling plötzlich auf vom Banne,
Ausbreitend beide Arme stand er da,
Ein Herold Gottes, ein Prophet der Neuzeit.

Baronio.

Und sprach Copernicus? was sprach er da?

Novara.

Er rief zur Sonn' empor, sie sei die Fürstin
Des Weltalls! nicht die dunkle Erdenmutter
Könn' in dem Kreis der Stern' und Sonnen steh'n
Als Herrscherin, sie wende sich . . . . . .

Baronio.
                      Die Erde?

Novara.

Der Erdball wälze sich im Aether hin
Und mit der Königreiche, Kaiserthümer
Hochragender Pracht, mit Meer und Land und Alpen

Flög' er einher im dunkeln All der Welten,
Und ruhig stünd' und fest die Sonnen-Gottheit.

Baronio.
Wie Wahnsinn klingt es mir!

Novara.
Wie Wahnsinn klang's auch
Den Paduanischen Studenten allen.
Manch' seltsame Gestalt erscheint uns ja
In diesen wunderbaren Zeiten, wo
Sich alles wandelt und erschüttert wird!

Baronio.
Herr unserer Welten! wo die Erde selbst
Nicht mehr soll feststehn! das sind Knabenträume!

Novara.
So sagt' hernach Copernicus auch selbst.

Baronio.
Er selbst? der seltsame Prophet?

Novara.
Hört nur!
So bald der Rausch der stürmischen Verzückung
Erloschen war, stand kalt und still der Fremdling.
So blieb er auch die nächste Zeit; doch blitzschnell
Verbreitet sich der Ruf durch Padua.
Es sehn ihn staunend an die Studiosen,
Die Professoren sehn verwundert ihn.
Er aber, stets sich selbst gleich, ernst und streng,
Geht ruhig seinen Gang, spricht wenig, forscht
Verschlossen im Gemach, hört aufmerksam
Dem Vortrag' der gelehrten Männer zu.

Mit würd'ger Einfachheit im ganzen Aeussern
Und bald erweckt sein Wesen Neugier, auch
In meinem Freunde; er erfragt — -
Und hört verwundrungsvoll des Jünglings Urtheil'

Diener (tritt auf)
Signor, ein Fremder sendet euch dies Blättchen.

ab

Novara liest
Copernicus! er hier? hier in Bologna?

Baronio.
Mein Kommen hatte diesen Grund. Vergessen
Habt Ihr die Meldung im Gespräch; ich hörte
Schon heute früh, hier sei der grosse Deutsche.

Novara.
Der Deutsche! ja, ich neide Deutschland mehr
Den Einen, als all' seine grossen Söhne'

Copernicus tritt ein

Novara
auf Copernicus zueilend
Bist du Copernicus?

Copernicus.
So nenn' ich mich.

Novara und Baronio zugleich
Willkommen in Bologna'

Copernicus.
Edle Herren,
Ich dank' euch für den freundlichen Empfang'
Ehrwürdig scheint ihr beide; doch verzeiht
Dem jungen Fremden, der Italiens Boden
Erst jüngst betrat, — wer von euch Beiden ist

Der grosse Astronom Dominicus
Maria Novara, den Italien preist?

Baronio.
Hier steht mein hoher Freund, ihm gilt der Gruss.
tritt zurück.)

Novara nach einer Pause des gegenseitigen Betrachtens
Man schrieb mir schon von dir, Copernicus.

Copernicus.
Dein Name rief mich her von Padua.

Novara.
Bleibst du mir jetzt als Gast hier in Bologna?

Copernicus.
Dominicus Maria, deinen Beistand
Hab' ich mir längst gewünscht. Ich hoffe, du
Bist frei von Vorurtheilen, die den Sinn
Des Forschers oft umnebeln; und es wird
Die Ruhe und Erfahrung deines Alters
Mich mässigen, wenn jugendliche Kühnheit
Die Schranken überspringt.

Novara.
Nicht brauchst du, glaub' ich,
Copernicus, dir Mässigung zu wünschen.
Du scheinst ein Mann von kühlem, ernstem Gleichmuth,
Und wundersam bin ich durch deinen Beifall
Ermuthigt worden in dem schweren Streben.

Copernicus.
Nicht übereilt hab' ich gesprochen, Meister!
Als ich dein Wort erfuhr, es sei in Cadix
Ganz offenbar um einen Grad der Pol
Seit Ptolomaei Zeiten fortgerückt;

Da schöpft' ich Hoffnung, dass dein hehrer Sinn
Auch Ptolomaei Weltsystem nicht werde
Für unverrückbar halten.

Novara.
Junger Preusse,
Bist du denn noch beharrt auf dieser Meinung?
Ich hörte, dass du gleich sie widerrufen!

Copernicus.
Mein edler Meister! — brauch' ich's dir zu sagen? —
Die grosse Menge lärmt und schwärmt am Marktplatz
Des Lebens ohne Wahl dahin. Es steht
Inmitten Millionen schwanker Gräser
Vereinzelt nur der Stamm des Wiesenbaumes;
Der Mond steht einsam unter tausend Sternen!
Wie kann der ernste Forscher sich dem Haufen,
Dem planlos, ziellos wankenden vertrauen?
(sich abwendend)
Und überdies, es war mir nur ein Lichtblick!

Novara.
»Ein Lichtblick« sagst du selbst, und wo der glänzte,
Wird dort nicht auch ein Quell des Lichtes sein?
Nur emsig suchen gilt's — es muss sich zeigen!

Copernicus.
Schon Mancher sah den Funken, rasch erlosch er —

Novara.
Schon Mancher? Nie hab' ich gehört . . . . . .

Copernicus.
Verbarg
Sich wirklich meines Meisters klarem Blick,
Dass schon Pythagoras und seine Schüler
Dass Philolaus, Niketas aus Syracus,

Ekphantos auch und Heraklides langst
Am Stillesteh'n der Erde zweifelten?

            Novara.
Am Stillesteh'n der Erde zweifelten!

        Copernicus (fasst seine Hand)
Ich weiss, welch' dunkler Schrecken dich ergreift!
Es wankt vor dem bestürzten Geiste dir,
Was feststand durch Jahrtausende, was heil'ge,
Was göttlich hohe Stimmen fest genannt.
Doch eine Feste nennt auch Gott den Himmel,
Die leere Luft, die blau zum Schein sich wölbt —
    Lässt seine Hand los. Pause; dann wieder sich ihm nähernd.
Vertraue mir, wie ich dir ganz vertraue!
Als ich dich sah — mein greiser Ahnherr stand
In seiner Würde, seiner Höhe, da
Vor meiner rasch dir zugewandten Seele! — —
    (Pause; sich halb abwendend.)
In Einsamkeit verfloss mein Jugendleben.
Um Jahre von den anderen Geschwistern
Getrennt, von meiner Mutter unterrichtet,
Blieb still in unsers Hauses alten Räumen
Mein Knabengeist auf sich allein beschränkt.
Ein Thor ist nah' der Stätte, wo die Sonne
Zuerst mein Kinderauge blendete.
Dort ragen hohe Bäum' um einen Graben,
Der schon in grauer Vorzeit unsere Stadt
Vor preussischer Heiden wilden Horden schirmte.
In jenem breiten Schatten lag ich oft,
Wenn fern der Stadt, am Nebelstrand des Flusses
Die Sonne sich im Erdengrund verlor.
Lang' sah ich hin, wie sich die gelben Fluthen
Mit Purpurroth vermischten, wie die Wolken,

Geküsst vom letzten Strahl, erröthetem,
Und bleich und bleicher weg von ihm sich zogen
Wenn dann das rosig angehauchte Blau
Des Horizonts sich schwärzte, wenn die Nacht
Langsam vom Osten aufwärts stieg zu mir.
Wenn endlich auch der letzte Schimmer wich —
Und alles finster lag und bang und schweigend
Ach dann, Dominicus Maria, dann
Umpresste mir die Brust ein tiefes Weh;
Ich hätte schrei'n, ich hätte weinen mögen,
Dass all der Glanz der Erd' entrissen ward.
»Nicht für die Erd' allein schuf Gott die Sonne«,
Das hat sich fest und fester mir in's Herz
Ja, in mein ganzes Wesen sich gebrannt!
Mir war, als müsst' ich nachziehn Gottes Blicken.
Ich sah die Blumen, sah die Bäume selbst
In bitt'rer Sehnsucht sich nach Westen wenden,
Den letzten Strahl vom Himmelslichte saugen —
Erschauernd vor dem Druck der kalten Nacht:
Da kam es zu mir her wie leise Flügel, —
Das Weh'n der Abendluft umgab mich rings
Gleich Engels-Schwingen; nach und immer nach
Zog ich, und wusste selbst nicht wie, der Sonne;
Und mit mir wandte sich die alte Erde,
Die Thürme selbst, die Mauern und die Berge —
Sie alle kehrten sich zur Sonne!

   Novara.
     Solch ein Traum
Hat auch wohl jüngst bei Padua dich Nachts
Bestürmt und hart die Seele dir geängstigt?

   Copernicus.
Wenn sich im kleinen Menschen-Hirn Gedanken,
Die eine Welt umfah'n, zu bilden streben,

Dann reisst die Seele zaghaft an den Pforten
Des engen Leibes, will hinaus, sich dehnen
Zum Sternenhimmel, drin die Welten schwimmen.

Novara.

Dein Angesicht ist bleich, die junge Stirn
Zerfurchte, scheint es, manche Nacht, wo du
Im Geist gestrebt zum Urquell alles Lichts.

Copernicus.

Ja Licht, Licht will ich seh'n und Ordnung spüren —
Und klar mit einem Blick das Weltall schaun!
Einst war ein König, welchen seine Zeit
Alfons den Weisen nannte — dessen Stirn
War dreifach schwer gedrückt von Roms, Germaniens,
Und von dem Glanz der span'schen Königskrone.
Gern möcht' er noch den Kranz geheimer Weisheit
Auf seinem Haupte sehn, er trieb die Sternkunst.
Und als die Weisen, als die Lehrer ihm
Begannen Kreis auf Kreis zu zeichnen endlos —
Und als der Himmel ganz mit Linien war
Und mit Systemen überdeckt, verwirrt
Der ruhig ew'gen Sterne milder Glanz.....
Da fuhr er auf — sein Menschensinn, empört,
Brach aus in bittern Vorwurf: »Hätte Gott
Rief er, mich bei der Schöpfung dieser Welt
Um Rath gefragt, ich ordnete sie ihm besser!«....

Baronio (vortretend).

Der Gotteslästerer! der Ketzerkönig!

Novara.

Ein weiser Mann, Signor Collega, und
Ein frommer Fürst war Alfons der Castilier.

Baronio.

Lang' hör' ich staunend, schweigend an, was Ihr
Mit diesem jungen Feuergeist verhandelt!

Der, wie auf seiner Stirn die tiefen Furchen
Seltsam der Lebensjahre kleiner Zahl
Entgegensteh'n, so widersprechend selbst
Im Priesterkleid als Diener unsrer Kirche
Dem Bösen über sich die Macht gegeben!

Novara.

Ihr übertreibt! er selbst hat's übertrieben ..

Baronio.

Aus jenen Völkern, wo die Ketzerei
Seit langer Zeit im Finstern schleicht, wo Huss
Und sein Gefolge schrecklich Jahre lang
Der Kirche Frieden hat getrübt, wo dieser
Böswillig herrische deutsche Ritterorden
Dem Papst entgegenstrebt, kam er hieher! —
Ich werde nicht, Signor, die Heiligkeit,
Die Ehre deiner Schwelle, die der Gast
Beschritten hat, verletzen; doch ich warne,
Ich warn' Euch, edler Herr, lasst nicht vom Pfade,
Den streng' die Kirche vorgesteckt, Euch locken!
Ab.

Copernicus

aus dem Nachdenken, worin er die letzte Zeit hindurch versunken
war, erwachend.

Der neunte März ist heut', ich habe Nachts
Mit schlechten Instrumenten, wie sie jetzt sind,
Den Himmel unterwegs betrachtet und
Des Aldebarans Deckung durch den Mond geseh'n.

Novara.

Du siehst mich staunend vor dir stehn, mein Sohn.
Noch eben schwärmtest du, als wäre dir
Gesetz und heil'ge Vorschrift Klang und Spiel —

Und in des Mannes Gegenwart, den Rom als
Sachwalter unserer Kirche hoch verehrt!
Wie sehr kann dieser Mann dir schaden, Freund!
Und jetzt sprichst du, als wäre nichts gescheh'n?
So schnell Gefasstsein hab' ich nie gesehn.

Copernicus.

Ich gehe selbst nach Rom, sobald du mich
Mit deinen Lehren gross gezogen hast.
Es drängt mich, in der Hauptstadt aller Welten
Und im Gewühl der rauschend grossen Welt
Mein armes Grübeln über's All der Welten
Vor Papst und Clerus laut und frei zu lehren.
Der mächt'ge Mann wird dort mich seh'n und hören,
Cesar Baronio mag mich dort bekehren!

Verbeugt sich und geht, Maria begleitet ihn hinaus.

Dritte Scene.

Eine Veranda vor Rom.
Im Freien sitzen Landleute und Hirten. Andere gehen ab und zu. Wirth und Schenkerinnen.

Seiffert und Andreas *im Gespräch vortretend.*

Seiffert.

Ihr müsst euch eilen, Landsmann, Nacht wird's bald.
Wie lang' ihr auch schon in Italien weilt,
Ihr werdet's immer wieder doch vergessen,
Dass, wie dem Blitz des Donners Rollen folgt,
So auch, wenn unter'm Horizont die Sonne
Versank, die Nacht im selben Moment hereinbricht.

Andreas.

Bleibt ihr die Nacht durch hier in der Campagna?

Seiffert.

Ja wohl, seit Jahren leb' ich so im Freien,
Mein Element ist: Schweifen in der Wildniss.
Wie wohl der lang' im Flaschenbauch versperrte
Vom Siegel Salomonis eingezwängte
Luftgeist des Märchens aus dem engen Hals
Emporstieg — brausend, und der Schwingen Kraft
Im Sturm entfaltete — So, wann das süsse,
Doch giftige, Schmeichelweh'n der Aria
Cattiva, dieser schaudervollen Sumpfluft,
Verscheucht ist durch des Nordens Winterfroste
Stürm' ich hinaus aus Roma's engen Gassen,
Aus all dem Schutt und Orgelspiel und Klingeln,
Hinaus in die Campagna. Hier bin ich
Ein Mensch bei Menschen; was ich treibe, wie
Ich heisse, fragt mich Niemand, Niemand fragt,
Von wo ich kam, und keine Seele wird
Auf Erden suchen einst, wo ich verschwand.

Andreas.

Doch gern begrüsstet Ihr als Deutschen mich — —
Aus welchem Gau des grossen Vaterlands
Seid Ihr hieher verschlagen?

Seiffert.

Mein Geburtshaus
Ist (wenn's noch steht) dort, wo der grosse Thorner
Sternkund'ge ward geboren, welcher jetzt
Ganz Rom erfüllt mit seinem jungen Ruhm.

Andreas.

Ihr sprecht von Nikolaus Koppernigk?
Ich bin sein Bruder — seid Ihr auch aus Thorn?

Seiffert (aufspringend).

Ihr seid . . . . . .

Andreas.

Andreas Koppernigk.

Seiffert.

So finden
Wir uns denn im gelobten Lande wieder,
Nach dem ich mehr als Ihr von Jugend auf
Mich ach! wie heiss gesehnt, und jetzt —

(Verhüllt das Gesicht.)

Andreas.

(Aufstehend und Seiffert betrachtend.)

Mit Zweifeln wag' ich aus dem Angesicht
Herauszulesen, welcher Name wohl — —
Maria Joseph! Ja, Ihr seid's, — du bist es! — —
Johannes Seiffert! — — (Pause.)

Seiffert (sich gewaltsam fassend).

Wie sieht's aus in Thorn?

Andreas.

Viel hat sich dort wohl eben nicht geändert,
In unserem Familienkreis nur fehlt
Manch' Glied, und Manches ist von seinem Platz
Hinweggerückt.

Seiffert.

Der alte Watzelrode,
Das weiss ich, ist entschlummert, wohlverdient
Hat er die ew'ge Ruhe.

Andreas.

Ja, die Stadt,
Zumal die Neustadt, ehrt' ihn noch im Tode;
Mit feierlichem Geleit ist er bestattet.
Mein armer Vater traf es nicht so gut.

Seiffert.
Wie denn, der würdige, bieder kräftige? . . . .

Andreas.
Ja eben, kräftig, rasch, nur allzusehr!
Sein Feuersinn hat ihn dem frühen Tode
Entgegengeführt.

Seiffert.
Erzähle doch! wie starb er?

Andreas.
Im angeschwoll'nen Strom der kleinen Netze
Riss ihn die Flut hinweg. — Es hatten, wie
Du dich wohl noch entsinnen wirst, die Thorner
Seit läng'rer Zeit und zwar besonders, seit
Die grosse Weichselbrück' errichtet war,
Beim Polenkönig ein Mandat erwirkt,
Dass alle Waaren, die aus Polen, Ungarn,
Galizien, Böhmen und noch weiter kamen,
Im Thorner Hafen nieder erst gelegt,
Dann, neu verpackt, versendet werden mussten.
Dies Stapelrecht nun war ein Dorn im Auge
Den Polnischen und Pos'ner Handelsleuten.
Sie kamen nicht nach Thorn, — sie zogen seitwärts,
Bei Nakel hin und über Tuchel selbst,
Auf sand'gem, mühsalreichem Weg nach Danzig.
Das litten länger nicht die Thorner Herren.
Mein Vater rief sie nach dem Artus-Hofe;
Beschlossen ward: ein Jeder waffnet seine
Sackträger, Packknecht' und dergleichen mehr.
Und so ging rasch ein reisiger Zug nach Nakel.
Erbeutet wurden ohne Recht, doch mit
Dem Scheine Rechtens achtzehn grosse Wagen
Mit schweren Lasten, reicher Fracht beladen.
Doch allzu langsam ging die Fahrt nach Thorn;

Die Nakler waffnen sich, es waffnen auch
Die fremden Handelsleute selber sich,
Und bald ist unser Beutezug umringt.

    Seiffert.
Du selber warst dabei?

    Andreas.
     Der Vater wollt' es —
Auch Bruder Martin war im Kampfe, der
Seitdem des Vaters Hausstand rüstig führt.

    Seiffert.
Dein Vater fiel im Kampfe?

    Andreas.
     Leider nein!
Sein alter Leib gehorchte nicht der Seele.
Des Greisen schwacher Arm erlahmte bald.
Ein Kujawiak riss ihn vom Ross, der Fuss
War aber in den Bügeln festgeklemmt:
Das scheu gewordne Pferd sprang auf und stürzte
Wild schnaubend durch das Kampfgetümmel
In den Strom! — — —
Ohn' einige Möglichkeit der Hülfe sahn
Wir beide Söhne selbst den alten Vater
Forttreibend in dem Wirbelstrome sinken,
Und wieder aufgetaucht von Neuem sinken!
Auch nicht sein Leichnam ist gefunden worden — —

    Pause.
Die Mutter liess ein leeres Grab ihm bauen;
Daneben ruht ihr Vater auf dem Friedhof.
Die Seelen-Messen las ich beiden treulich.

    Seiffert.
Die Seelen-Messen immer noch im Flor?

Andreas.
Dein alter Starrsinn immer noch unbeugsam?

Seiffert.
So lang' ich lebe, protestir' ich auch!
Genug des Elends hab ich drum gelitten.
Du weisst, als Jüngling bin ich schon gefoltert,
Man hat mich im Dominikaner-Kloster
Viel Monden lang im Bauch der dunkeln Erde
Begraben. Bürger hörten dort mich stöhnen,
Wo am Pauliner-Thor die alte Brücke
Den Bach bedeckt, der zwischen Alt- und Neustadt
Hinfliesst.

Andreas.
Ich weiss, sie haben dich befreit.

Seiffert.
Ja, mühsam genug, und was hat's mir genützt?
Ich stieg als kranker, gramgebeugter Mann
Aus Grabes-Schooss hervor. Die Jugend war —
Die Lebens-Hoffnung — lange mir gestorben,
Gestorben jeder Plan und Traum der Jugend!
Da ward's mir irr im Sinn, ich fühlte Pein
Und Widerstreit; bis endlich sich mein Selbst
Neu aufgerafft, ein neuer Mensch ich ward!
Feierlich Und was ich will und einst zu thun gedenke,
Steht klar vor mir; — doch lass uns scheiden, Andrees.
Will gehn

Andreas.
Kommst du nicht mit nach Rom?

Seiffert *schüttelt den Kopf*

Andreas.
Hast meinen Bruder
Du niemals dort besucht?

Seiffert.

O ja, Andreas.
Er lebt in Glanz, in Fülle dort; der Papst
Hat selbst schon sein Colleg besucht! Seitdem
Ist's Mode worden für die feine Welt,
Zu Nicolaus, dem jungen Physiker,
Fast täglich zu wallfahrten. Aber weisst Du,
Andreas?

Andreas.
Was?

Seiffert.
Dein Bruder ist nicht glücklich!
Nicht glücklicher als ich, kaum so wie ich'
Frei leb' ich auf der Pest-umhüllten Flur,
Bei Hirten, die zum Beten kaum gewöhnt,
Mit Milch und Haferbrod sich sättigen,
In blut'ges Fell die hagern Glieder hüllen,
Bei ihren Heerden Nachts auf hartem Boden
Von leichtem Schlaf erquickt, nichts weiter wünschen,
Als dass der Fremdling morgen noch verweile,
Noch morgen Wunder aus der Fremd' erzähle.

(Ein Landmann kommt aus dem Hintergrund und spricht mit ihm,
Seiffert umfasst ihn, ruft dann, den Hut schwenkend:)

Für Nachtquartier ist schon gesorgt, leb' wohl!

(Im Abgehn sich noch einmal umwendend und nach vorn tretend)

Grüss meinen Jugendfreund, grüss Nicolaus,
Und grüsse, wenn du heimkehrst, deine Schwester!

(Geht rasch ab mit einigen Hirten.)

Andreas ihm nachblickend.
Zieh' hin, du Sonderling! und bleibe — glücklich !

(Geht ab.)

Vierte Scene.

Studirzimmer des Copernicus in Rom.

Copernicus
(in Gedanken versunken hereintretend)

Noch einmal hab' ich mir die Welt betrachtet —
Schon liegt ganz Rom gewaltig da, umnachtet!
So lag auf Rhodos jener Erzkoloss
Zerschellt, ein Trümmer-Haufen schwarz und gross!
Das war ein Bild vom Sonnengott, dess Macht
Verschwunden schien in langer Wahnesnacht — —
Apollo! Weisheits-Gott im Lorbeerkranz —
Du warst mir gnädig, dein fühl' ich mich ganz!
Aufricht' ich wieder deines Thrones Glanz — —
Und hier in Rom! dess Macht von wilden Horden
Zertrümmert schien, doch wieder ist geworden
Ein Sonnen-Abbild auf dem Erdenball,
Vor dem sich neigen Erdballs-Völker all! —
So wie du stiegst hervor aus tiefstem Fall,
O Rom, steigt strahlend auf, machtvoll und gross
Die Sonn' als Gott auf's Neu'! in Deinem Schooss
Hab' ich, ein Diener Deiner Kirch', erschaut
Die ewige Wahrheit — hier ward sie vertraut
Von Gottes Engeln selbst mir! Offenbaren
Will ich vor Rom's erhab'nen Priester-Schaaren
Die gottgegebne Fülle des Ewig-Wahren!

(Er faltet die Hände.)

Der Grundstein ist gelegt. Nun, Gott und Herr,
Zeig Deine Kraft und Gnadenfüll' an mir!

Mit Feuerzungen lass' die Wahrheit künden
Von Deinem Knecht, den Du sie lehrtest finden! —
(In stillem Gebet eine Weile; dann aufblickend, leidenschaftlicher.)
So klar scheint mir das Bild der Gotteswelt —
Doch anders wohl, als sonst es mir erschienen!
Er selber thront in Mitten Seiner Schöpfung!
Das ew'ge Sonnenrad, Sein Feuerauge,
Schaut wärmend und erleuchtend rings umher!
In Kugelform — so ist das All gestaltet —
Die Kugel ist die höchste Form des Seins —
Der Wassertropfen und der breite Erdball,
Mond, Sonne, Staub, das Grösst' und Kleinst' ist Kugel,
Am Rande sind die grossen Sterne rings
Fest angeheftet und vertheilt im Weltraum —
Da fliegen brausend hin all' die Planeten.
In Kreisen rasch sich schwingend um die Sonne —
Die Erde fliegt und dreht sich, wie ein Rad,
Und mit ihr schiesst, in pfeilgeschwindem Fluge,
Der Mond hin durch den Aether um die Sonne!
(sich besinnend)
Die Priester all', die Kardinäle sind
Versammelt, und, begnad'gend seinen Diener,
Weilt unter ihnen selbst als Kirchen-Sonne
Der heil'ge Vater! — — —
(rascher)
Sie warten schon, der Erde geist'ge Fürsten,
Im Saal hier. Gott, Du kennst mein heisses Dürsten
Nach Deiner Wahrheit. Wird es mir gelingen,
Verständlich ihrem Geiste nahzubringen,
Was klar vor meinem steht? — Du, allen Dingen,
Die sind und waren und einst werden sein,
Nicht Schöpfer blos, auch Lenker und Berather,
Du musst mich jetzt zu Deinem Herold weih'n!
Gieb Du mir Rednerkraft, mein Herr und Vater!
(Geht ab.)

Andreas und ein Diener (treten ein).

Diener.
Hier ist, Signor, das Zimmer des Professors.
Verweilt hier, bald kommt er aus dem Collegium.
(Geht ab.)

Andreas allein.
Hier also lebt mein Bruder, den ich schon
Seit Jahren nicht gesehn! Hier bin ich plötzlich
Aus unserm Vaterhaus versetzt in sein
Studir-Gemach! Wie rasch drängt sich das Leben.
(Setzt sich.)
Mir ist, als wär' ich wieder jetzt in Thorn,
Und dieses Zimmer meines Nicolaus
Ist ganz wie das in unserm alten Hause.
So war sein Leben stets sich gleich! Die Klause
Des Geistlichen war ihm die Welt, und aus
Der engen Zelle sah er, fremd der Erde,
Allzeit hinauf zur gold'nen Sternen-Heerde.

Copernicus (tritt ein, ohne den Bruder zu bemerken).

Andreas (aufstehend, beiseit).
Er ist's! Wie schwillt mein ganzes Herz voll Liebe,
Mein Bruder, dir entgegen! — wie betrübt
Er aber aussieht — tief in sich versunken!
Er ist in schwerem Gram, in Sorgen rasch
Gealtert und erkennt mich schwerlich noch!

Copernicus.
So war der erste Schlag gethan! — und fehl
Ging er! — Nicht länger ist hier meines Bleibens.
Dies weite Rom — wo Alles ernsthaft, wie
Mit weltumfassendem, gespreiztem Sinn
Einhergeht, und doch keinen Sinn hat für
Das Wahrhaft-Grosse, wo von engen Seelen

5*

Die Welt nur wie ein Acker zur Nutzniessung
Gemessen wird! — kein Blick sich kehrt zur Tiefe
Des Himmels, ob auch d'raus die Gottheit riefe! — —
(Erblickt seinen Bruder und bleibt fragend vor ihm stehn.)

Andreas.

Herr Doctor Nicolaus Copernicus!
Erkennt Ihr einen Freund aus alten Zeiten?

Copernicus.

Wenn nicht mein Spiegel mich und mein Gedächtniss
Betrügen, ähnst du meiner Mutter völlig,
Von der auch ich das Aug' und ihre Stirn
Geerbt. (Die Hand reichend) Du bist mein Bruder!
Grüss dich Gott!
Du bist des Oheims Brief rasch nachgeeilt.

Andreas.

Du hast ihn schon gelesen! — unser Oheim,
Herr Lucas Watzelrod', ist Ermland's Bischof,
Und hat für uns in Frauenburg zwei Pfründen
Im Domkapitel mit Bewilligung
Des heiligen Stuhl's besorgt; ich soll dich holen!

Copernicus.

Ich las das Alles, bin bereit zur Heimkehr.

Andreas.

So wunderbar gefasst? ich kann dich nicht,
Noch immer nicht begreifen, Nicolaus!
Wir sahn uns nicht, seit Du nach Krakau gingst;
Ein Jüngling war ich da von zwanzig Jahren,
Und jetzt! Wie hast du mich so rasch erkannt?

Copernicus.

Als ich von Krakau nach Italien,
Dem hochbeglückten, glanzumstrahlten Lande,
Zu wandern endlich mich entschloss, nach langem
Und ahnungsbangem Zögern, lernt' ich erst
Die Malerei und jede Kunst, die hier
Im heitern Sonnenland gepflegt wird, lernte
Mich selbst auch aus dem Spiegel konterfeien —
Und du, mein guter Bruder, bist mein Abbild.
Umarmt ihn; dann leidenschaftlicher.
O, Dank dem Höchsten, der mich gnädig führt!
Jetzt eben, da der Zweifel hart mich ängstigt,
Da ich gebeugt bin von der Schmach im Hörsaal,
Wo selbst der heilige Vater mich beschämte,
Mit seiner Kardinäle Prachtgefolge
Rasch mein Katheder floh, den Saal verliess —
Als ich die göttlich-offenbarte Wahrheit
Mit freiem Muth vor Gott und seinem ird'schen
Vertreter laut und klar verkündigte,
Wie mir's der Herr geheissen — —
(sanfter, wie betend
Jetzt eben, Gott! Da ich an Deiner Sendung
An Deiner Gnade bang zu zweifeln anfing,
Schickst Du mir einen sichtbaren Gesandten!
Nein, nein! ich habe nicht geirrt; mein Leben,
Mein Forschen bis hieher war nicht vergebens.
Gott hat mir eine Stätte neu bereitet,
Zu der ich freudig eile, vom Bruder begleitet! —
Nun aber komm'! zum Bruder sich wendend dies Zimmer
ist zu enge,
Zu klein für der Seele Aufruhr! in's Gedränge
Der Strassen komm hinaus! die Lustgesänge
Des frohbewegten Volkes auf den Gassen,
Das nächtlich rege Treiben giebt, zu fassen
Mich selbst, mir erst die Kraft, ich führe dich —
ihn umfassend.

Komm! in ein Weinhaus, wo nur Deutsche sich
Des Abends heimisch-traut versammeln, wo
Sich jeder fühlt als Freund bei Freunden froh.
Da wollen wir in eine Laub' uns stehlen;
Und wenn Musik der Muttersprach' rings tönt,
Dann sollst du von der Heimath mir erzählen!
Dich Heimath, grüss ich, lang' von dir entwohnt!

<small>Von der Bewegung übermannt bleibt er an der Brust seines Bruders, während der Vorhang fällt.)</small>

Dritter Aufzug.

Prolog.

Wir sind zurückgesegelt! Sei Dank euch, all ihr Lieben,
Die ihr im fremden Lande Begleiter uns geblieben!
Froh heimgekehrt auch grüsste dies Land Copernicus.
Sein ruhig Auge schaute stillfreudig Stadt und Fluss.

Hier war's ja, wo dem Knaben der Funke sich entzündet,
Der Licht ihm ward im Süden! Doch als er's dort verkündet,
Gewahrt er voll Bestürzung sich freundlos unter Allen.
Vom Gipfel seiner Hoffnung saht Ihr in Rom ihn fallen.

Wird nun die Heimath glauben der neuen Wunderlehre?
Gelingt's ihm, dass die Freunde der Jugend er bekehre?
Ach, nein! so oft vom Himmel ein Lehrer wird gesandt,
Gilt als Prophet er niemals im eignen Vaterland!

Thorn.

Wohnstube im Vaterhause von Copernicus.

Frau Barbara Koppernigk und ihre Schwester Christina v. Allen.

Fr. Koppernigk.

Du siehst erstaunt das Haus mit Tannenreisern
Geschmückt und mit des Herbstes letztem Flor,
Die Herrin aber des zum hohen Feste
Geweihten Hauses weinend an der Schwelle.
O, liebe Schwester, lass der Mutter-Schmerzen
Geheimniss dir allein gebeichtet sein!
Mag Niemand ahnen, wie der greisen Wittwe
Zu Muth ist an der Tochter Scheidetag.
Mein letztes Kind verlässt das Vaterhaus,
Und Freude zu erheucheln heischt die Pflicht.
Der heiligen Kirche freundliches Gebot,
Ich ehr' es fromm, ob mir das Herz auch krampfhaft
Am treuen Schwester-Busen seinen Gram
In Thränen zu erleichtern laut verlangt.
Ach, es empört sich stets die fleischliche
Natur, die irdisch Glück allein begehrt,
Gegen der übersinnlich-hehren Satzung
Geweihte, streng' und kalte Forderung.
Zwei Söhne hab' ich schon ihr dargebracht
Und still verschlossen meinen Wittwen-Jammer.
Die liebe Tochter war mir doch geblieben,
Die mir das früh des Herrn beraubte Haus
Mit leichtem Tändeln und mit heiterm Schalten
Voll jugendlicher Fröhlichkeit verklärte.

Nun schweigt für ewig ihr Gesang; ihr Lachen
Tönt nie mehr in der ganz verwaisten Wohnung.
Im eng-vergitterten, im Kirchen-Chor
Wird sie nun, dicht-verschleiert, Metten singen —
Mit herzlos kühlen, aller Lust der Erde,
Dem Leben längst schon abgestorb'nen Nonnen.
Oft klagtest du, dass deiner schönen Ehe,
Die glücklich rein, wie selten, sich bewährt,
Kein holdes Kind entspross zur Doppelfreude.
Nun sich mein Mutterglück, das, wie du oft
Gesagt, mich trösten sollte für des Gatten
Ach allzufrüh, zu früh entrissne Liebe!

Fr. v. Allen.

Mein theures Schwesterhaupt, du ahnst die Wahrheit!
Ja, oft beneidet' ich der Jüngern, dir,
Den stolzen Schmuck, den stolzesten des Weibes,
Wenn du mit beiden Söhnen und der Tochter
Zu unserm alten Vater stattlich kamst
Daher gewandelt! Weh mir! auch noch heute
Kann ich den Gram nicht völlig überwinden,
Der jahrelang die stille Brust verzehrt.
Ja doch, Geliebte, doch beneid' ich dich
Auch heute noch, es ist ein Ehrentag.
Aus Frauenburg bringt unser Bruder dir,
Der Kirchenfürst, den ältesten Sohn als Domherrn,
Und führt den jüngern, den du heut' erwartest,
Mit sich zu seinem Bischofs-Sitz, als zweiten
Canonicus desselben Stifts; die Tochter
Begleitet er nach Kulm zum Kloster hin
Und weiht sie dort vor festlicher Versammlung
Zu unsers Heilands heilig reiner Braut.
O, stolze Mutter, die der Mutter Kirche
Drei Kinder gab als Weihgeschenk — der Himmel
Ist dir gewiss; ja, aller Himmel Heerschaar

Begrüsst dich einst mit seligen Gesängen,
Mit Hymnen einst, wie Monica, die Mutter
Des heil'gen Augustinus. Weh mir Armen!

*Tilman von Allen und der Bischof von Ermland Lucas
Watzelrode mit zwei Capellanen treten auf.*

Tilman.

Frau Schwägerin, wir kommen euch begrüssen,
Um nachzusehn, ob Alles wohl bereit
Zum hohen Fest, das Euch der Herr gewährt.
Doch wie? in Thränen find' ich beide Schwestern?
Was hast du, liebes Weib? sind Regenwolken
Dem schönen Tag der Freude angemessen?
Auf, auf, lasst Sonnenschein die Augen hellen
Und heitres Lächeln auf den Wangen leuchten!
Das ist ein Tag, wie wenige der Frauen
Wohl einen gleichen auf der Erde sahn.
Zwei junge Söhne stellt Ihr Eurem Bruder
Zur Seite, Schwägerin, als Kirchensäulen;
Und selbst der zarten Tochter sanften Reiz
Erkor der Ewige zu seinem Glanz,
Zum Chor der reinen, heil'gen Himmels-Jungfrau'n.
Wie könnt Ihr da im stillverschwiegenen,
Geheimen Frau'ngemach des Weinens pflegen?

Bischof.

Die höchste Freude, wie der tiefste Schmerz
Entlockt dem ird'schen Auge seligen Thau.
Gesegnet sind, die reines Herzens bleiben;
Aus ihrem Innern quillt ein Wunderborn,
Und göttlich ist der Thränen Himmels-Gabe.
Lass, liebster Bruder, lass die Frauen weinen;
Ihr selber seid ein sturmerprobter Mann
Und mich hat Gott in langer Wahl geprüft.
Wir kennen nicht, wir, die mit äussern
Und innern Kämpfen durch des Lebens Laufbahn

Gestählt und hart geworden sind, wir kennen
Dies Glück nicht mehr, in Thränen zu zerfliessen.
Doch nun genug der eigensüchtigen
Und fleischlich irdischen Gedanken. Auf!
Erhebt die Seelen all' zum frommen Werke!
Wo ist des Himmels Braut? lasst sie uns nah'n,
Zum letzten Mal in weltlich eitler Weise
Mit ihren Brüdern und Verwandten kosen.
Wenn dann im langen herzlichen Geplauder
Gesättigt ist der menschlich-schwachen Seele
Verlangen und Begehr nach ird'schem Tand —
Wenn beide Brüder mit der Schwester sich
Und mit der Mutter vollends ausgeweint:
Dann lasst uns rasch die Scheide-Stunde kürzen,
Tragt standhaft dann die neue, läng're Trennung,
Die ewig ist, wie Sterbliche das nennen.

Tilman beiseit.
Seltsamer Tröster! Auf reisst er die Wunde
Und fordert, dass sie so sich besser schliesse.

Fr. Koppernigk.
Verzeih', hochwürd'ger Bruder, wenn ich gehe;
Ich thu's, um Dein Geheiss rasch zu vollzieh'n ab

Frau Christina v. Allen.
Wo ist Andreas, hochehrwürd'ger Bruder?

Bischof.
Am Weichsel-Strand; die Brück' ist abgebrochen
Und auf der Fähre bringt man Nicolaus
Herüber durch die Fluthen, die, mit Grundeis
Gefüllt, aufschäumen trüb in finstern Wogen.

Tilman.
Die Brücke (die uns manchen Kampf gekostet
Mit dem Starosten, der in Dybow haust
Und Zoll erhebt, obwohl er nichts zum Bau
Beitrug, noch je beitragen wird) die Brücke

Ehrwürd'ger Schwager, lässt mich stets gedenken
Des theuren Vaters Lucas Watzelrode,
Der noch als Greis vor dreizehn Jahren treulich
Mir beistand in der Zünfte wüstem Streit,
Die nicht des Raths Beschluss gut heissen wollten
Und thöricht, tollkühn, ja unmöglich nannten,
Mit einer Brück' aus Holz den Riesenstrom
Zu überbau'n. Nun sind sie sehr zufrieden.

Bischof.

Mein Vater war im dreizehn-jährigen Krieg
Schon Liebling der Gemeind' und widersetzte
Sich damals umgekehrt des Rathes Ford'rung.
So war er stets, fest gegen Freund und Feind,
Treu nur dem eig'nen wohlerwognen Willen.

Fr. von Allen.

Und du, verehrter Bruder, bist sein Abbild.
Doch in der Enkel keinem scheint er sich
Verjüngt zu haben. Andrees wenigstens
Kann weder sich dem Oheim noch dem Ahn
Vergleichen. Ruhig ist er, aber ohne
Den hohen Ernst, der euch stets ausgezeichnet.

Tilman.

Um desto mehr hat Vater Watzelrode
Auf Niklas stets gezählt, der mehr als Andrees,
Tiefsinnig, ernst, sich gern zum greisen Ahn
Gesellte; sehr verlangt mich, ihn zu sehen.

Barbara und ihre Mutter treten auf; der Bischof geht ihnen einige
Schritte entgegen und sendet dann mit leisen Worten die beiden
Capellane in den Festsaal hinaus.

Doch dort erscheint die Nichte, Frau, im Schleier,
Um Seiffert wohl, den ihr verlornen Freund,
Den ach! auch uns entriss'nen Pflegesohn,
In Trauer noch, wie sie's Dir oft gestanden;
Doch jetzt verhüllend ihres Innern Jammer

In Gott ergebener Gelassenheit,
Gleich wie sie's bleiche Haupt im Schleier birgt.
<small>Barbara bleibt untern der Thür stehn und hört auf das Gespräch
von Frau Koppernigk und dem hinter dieser eintretenden Wachschlager, die leise mit einander reden, worauf Wachschlager
wieder hinauseilt.</small>

Frau Koppernigk <small>zum Bischof</small>
Mir fliegt das Herz, denn schon verkündigte
Des Hauses alter, treuer Handelsführer,
Dass allsogleich die beiden Söhn' erscheinen.

Barbara.
Gegrüsst, mein hochehrwürd'ger Oheim Bischof,
Gegrüsset seid mir, Herr von Allen, sehr
Gestrenger Herr und Ohm, gegrüsst auch Base!
<small>Sie spricht mit diesen weiter.</small>

Frau Koppernigk <small>vortretend.</small>
Der alten Hausthür Schelle klingt so gellend:
Mein Herz erräth's, der liebe Sohn ist da.
<small>Sie will den Eintretenden entgegen.
Nicolaus und Andreas werden vom alten Wachschlager
hereingeführt. Diener mit Gepäck folgen.</small>

Fr. Koppernigk.
Willkommen Kind! Willkomm' im Vaterhause!
<small>Allseitige Begrüssung. Nicolaus spricht dann weiter zum Bischof
und mit den Frauen</small>

Andreas <small>zu Tilman.</small>
Wir mussten bis zur Fischerei hinunter
Uns treiben lassen, so stark war die Strömung.

Tilman.
Gottlob, dass Nicolaus nun auch in Thorn ist.
Von jetzt ab braucht er niemals mehr die Weichsel
Zu überfahren, bleibt nun ganz im Lande.
<small>Andreas geht zu den Andern und spricht mit ihnen.</small>

Nicolaus <small>zu Tilman.</small>
Ja, bester Ohm, es war ein seltsam Fahren
Auf dieser reissend starken Fluth. Das Ufer

Schien rückwärts oft zu fliehn, still stand der Kahn;
So däucht' es uns, die wir darinnen sassen!
Fast wollt' es mich bedünken, als ob auch
Die Erde so uns Menschen, die drauf leben,
Nur **scheinbar** still zu stehn den Wahn erweckt,
Und **scheinbar** nur der Himmel mit den Sternen
Sich sammt der Sonn' um unsre Erde dreht.
Vielleicht steht grad' ob uns der Himmel still,
Und in dem Aether schwimmt die Erde rollend!

Tilman.

Was sagst Du? welcher Wahn erfasst dein Hirn?
Hat dir die Fahrt im offnen Kahn ein Fieber
Gar zugezogen? Arzt, hilf zur Vernunft dir! — —
(Erfasst seine Hand wie prüfend.)

Nicolaus

ihm fest die Hände drückend.

Nicht also, lieber Ohm, ich bin ganz wohl
Und klar in meinem Haupt, ich sagte nur —
Versteh' mich recht — leise es kann das Auge täuschen.
Wie, bist du denn nicht mehr der alte Tilman,
Der schon dem Knaben Red' und Antwort stand
Auf seine lernbegier'gen Zweifel?

Tilman.

Neffe!

Die Zeit der Zweifel ist für dich vorüber.
Du stehst am Scheidepunkt der freien Forschung,
Du sollst fortan der Kirche strenge Lehren
Und Satzungen als Wahrheit fest vertreten.
Die Kirche lehrt, dass Sonn' und Sterne wandeln,
Und dass die Erde stillsteht, wie die Kirche.

Sie sprechen leise weiter.

Andreas.

Wenn nun der hochehrwürdigste Herr Oheim

Und unsre Frauen als es zu verstatten —
Gehn wir zum Festmahl, wo die Freunde warten.

Tilman.
Geht nur voran, wir folgen Euch sofort.

(Die Andern ab)

Tilman zu Nicolaus.
Wir sind allein. So sprich denn aus die kühnen
Und dem gemeinen Menschengeist als Wahnsinn
Erscheinend ungeheuren Gedanken.

Nicolaus.
Wohlan, sei du mein erster gläub'ger Hörer
Und weiser, theurer, sterblicher Freund.
Es wird sich diese Wahrheit, die ich jetzt
Im stillen Zimmer meines Vaterhauses
Verkündige, weit über diese Mauern
Des Vaterhauses und der Vaterstadt
Zur rechten Zeit verbreiten, glaub' es mir.
Die Erde steht nicht still, sie scheint zu stehn
Die Sonne steht und scheint sich zu bewegen. —
Oft sah ich schon als Knab' im stillen Sinnen
Am Mühlbach vor'm Altthorner Thore liegend
Mit Staunen, welche Täuschung sich erzeuge
Der murmelnd raschen Wellen jenes Baches.
Sie schienen plötzlich still zu stehn, ich selber
Floh mit dem Rasen-Ufer und den Bäumen
Stromaufwärts nach den Mühlenrädern hin.
Da kam, an einem Abend, als der Mond
Im Osten aufstieg, und die Sonn' im Westen
Hinunterward, mir plötzlich der Gedanke.
Naht wirklich denn der Mond jetzt unsrer Erde,
Fliegt nicht vielleicht die Erd' ihm selbst entgegen?
Gleich so wie dort die fliehenden Wolkenschatten
Am Himmel nur zum Schein jetzt stille stehn,
Und erleuchtet nur der Mond sich eilig durchdränget?

Wie? wenn gerade so des Mondes Wandeln
Durchaus nur Täuschung wäre? Schein der Sonne
Alltägliches Vorüberziehn am Himmel?
Wenn sich die Erde mit den Städten, Ländern
Umdreht' und dann ihr Drehn den Schein erzeugte,
Als stünde sie und drehte sich der Himmel?

Tilman.

Verzeih! mir dreht sich selbst der Sinn verworren
Im Kopfe bei dem wirren Traum des Knaben.

Nicolaus.

Nicht Traum mehr, Oheim, Jahre langes Rechnen
Hat mir des Traumes Wahrheit hell bewiesen.
Es stimmt so wunderbar mit meinem Traum,
Wie du ihn nennst, jedwedes Wandel-Sternes
Und selbst des Mondes wundersam verschlungner,
Durch alle fixen Stern hinzieh'nder Gang!
Es stimmt die Rechnung, Ohm, ich sage dir.
Die Erde dreht sich nicht nur um sich selber —
Sie läuft mit ihrem Mond dem Satelliten,
Umrollend, rastlos durch den Aether-Himmel.
So wandeln auch die Wandel-Stern' in Kreisen
Gleich uns'rer Erd um ihrer aller Centrum —
Die Sonne — die als Gottes Thronsitz still steht!

Tilman.

Steh, Sonne! sagte Josua vor Zeiten
Im Thale Ajalon — und Nicolaus
Copernicus sagt hier im Weichsel-Thale
Dasselbe gottes-lästerliche Wort!
Versuche nicht den Herrn, mein junger Freund!

Nicolaus.

Den Herrn versuchen? wenn ich seinen Ruhm
Und seine Ehre laut der Welt verkünde?
Doch du hast Recht! Nicht reden gilt es, rechnen,

Langjähriges Rechnen! wohl, ich will entsagen,
Dem stolzen Rausch der Ehrbegier entsagen.
Kaum dreissigjährig bin ich, kaum der Mitte
Des Lebens nah, nach Menschendenken — also
Will ich die grössre Hälfte meines Lebens
Dem Rechnen weih'n, der schweigsam stillen Forschung.
Doch ist es dann erwiesen — schreib' ich's nieder
Und lass es drucken, frei vor aller Welt.

Tilman.

Und welchen Lohn wird dann die Welt dir zahlen?
Bedenk' es wohl, du stehst im Sold der Kirche.
Ihr Diener bist du, sollst nichts Andres lehren,
Als was die Päpst' und heiligen Concilien
Als Wahrheit aufgestellt.

Nicolaus.

Dem heil'gen Vater
Hab ich's in Rom ganz offen selbst geschildert,
Wie's wohl zu denken wäre, dass die Täuschung
Des Augenscheins den Heiden Ptolomaeus
Zu seinem falschen Weltsystem verführt,
Und wie der Christen hellerer Verstand
Die reine Wahrheit über Gottes Schöpfung
Vielleicht auffinden könnte.

Tilman.

Vor dem Papste
Hast du gewagt, so ketzerisch zu reden?

Nicolaus.

O, hier im dumpfen Norden ahnt ihr schwerlich,
Um wieviel heller dort im heitern Rom
Die Köpfe sind!

Tilman.

Ja wohl! um so viel heller,
Dass sie uns Geld auf Geld entzieh'n, und dafür
Die Priester uns vermehren, Mönch' und Nonnen!
Du warst zu lange weg vom dumpfen Norden,
Sonst wüsstest du, wie hier im armen Volke
Allmälig mehr und mehr die Lehren wurzeln,
Die selbst den Papst und seine Clerisei
Nicht mehr für heilig, göttlich, gelten lassen.

Nicolaus.

Was kümmert uns der armen Erdenwürmer
Gewühl um menschlich-eitle Wünsch' und Ziele!
Nach Höherem streben wir als Weltverbess'rung —
Der Welterkenntniss, Ohm, weih' ich mein Leben!
Sieht unser Blick erst klar der Allwelt Ordnung,
Dann ordnet sich von selbst die Menschenwelt,
Mit ihrem kleinlichen Ameisen-Wimmeln.
Genug! ich danke dir, dass du Gehör
Mir schenktest; denn es hilft dem Ringenden,
Wenn er aus dunkler Tiefe sein verworrnes
Gedankenmeer zum Licht und zur Gemeinschaft
Mit klaren Worten offenbaren darf.

Will gehen.)

Tilman.

Halt, Jüngling, noch ein Wort! Du dankst dem Greise —
Kund macht der Greis dir einen andern Wahrspruch,
Und dafür dank' ihm dann aus tiefster Seele!
Du willst dein Leben ruhig-stiller Forschung,
Dem Rechnen widmen und der Sternenkunde —
Wohlan! Gedenke, wenn ich einst geschieden,
Des Spruchs, den ich dir aus dem heilgen Buch
Der Bücher mitgeb' auf den Lebensweg.

Die Bibel sagt (denn oft les' ich darin jetzt —
Und wer Latein versteht, liest gern mit mir,
Obwohl es ungern nur die Priester sehn —
Und wollte Gott, in klarem Deutsch zu lesen
Wär jenes Buch für alle Welt im Volke.....

Nicolaus.
Was willst du aus der Bibel mir verkünden?

Tilman.
Nichts Neues dir — nur einen Spruch. Er lautet
»Des Menschen Leben währet siebzig Jahre
»Und wenn es hochkommt, sind es deren achtzig
»Und war es köstlich, war es Müh' und Arbeit«!
Niemals vergiss dies Wort, wenn du ermattet
Von langer Nachtarbeit, am Pulte grübelst,
Und höre dann, wie Engel um dich flüstern
Und sagen: »Wohl dir, der ob Wenigem
»Getreu gewesen, du sollst viel empfangen:
»Geh ein zu deines Herren ew'ger Freude!«
Und in demselben Buche steht geschrieben:
»Die Lehrer werden leuchten wie die Sterne
»Am Himmel immerdar und ewiglich!«
Du Nicolaus, willst ein Lehrer werden
Der Menschheit, wie es keinen vordem gab:
Du willst sie lehren ihre Nichtigkeit,
Ihr unbedeutend, ärmlich Sein zu fühlen.
Den Riesen-Erdball nur als kleinen Stern
Im Sternen-Weltmeer anzusehn und sich
Mitsammt dem Riesenball, den sie bewohnen,
Unendlich klein zu fühlen! Demuth lehren
Willst du die Könige, die Herrn der Erde!
Die Päpste, Stellvertreter Gottes jetzt,
Sind, wenn du Wahrheit lehrst, nur arme Wesen

Auf ihres Gottes letztem, kleinstem Sternchen,
Vergessene vereinsamt-kleine Würmchen!
Der Geist, der also masslos ungeheure
Umwälzung im Gedankenkreis der Menschheit
Bewirken will, wird nie vergessen werden
Im Laufe der Aeonen, die der Menschheit
Hienieden noch bestimmt sein mögen. Nicolaus
Copernicus, du wirst in Ewigkeit
(Was ewig dieses Erdkorns Milben heissen)
Unsterblich sein, Entgöttlicher der Menschheit!

Vierter Aufzug.

Prolog.

Verlassen hat der Bischof von Ermeland dies Leben.
Nicht mag nach seinem Range der ernste Neffe streben;
Still forscht nach Tilmans Rath' er (der auch schon heimgegangen)
Die Wahrheit zu ergründen — nur das ist sein Verlangen.

Er sah die Jahre kommen und sah die Jahre gehn,
Sah Nacht für Nacht am Himmel die ew'gen Leuchten stehn.
Sie grüssten ihn vertraulich, auf seiner Thurmes-Warte —
Ob Grüsse verklärter Lieben ihr Licht ihm offenbarte?

Des Sternen-Forschers Leben war einsam wie vor Zeiten.
In Frau'nburg sah man schweigend zum hohen Dom ihn schreiten —
Mit Gott hat er geredet, kein Ohr hat es gehört —
Die Spötter aber sagten, er sei vom Wahn bekehrt.

Lasst hin die Jahre schwinden, die er seitdem gelebt.
Folgt uns in jene Zeit nun, wo Luther glühend strebt,
Die Menschheit zu befreien von einem andern Wahn;
Zujauchzt ein ganzes Volk ihm auf seiner hohen Bahn.

Nicht Max mehr herrscht in Deutschland, sein Enkel
stieg zum Throne
Geschmückt als König Spaniens auch mit der Kaiser-
krone.
Die neue Zeit gährt mächtig, auch dies Land fühlt
ihr Wehen.
Im raschen Bilde mögt Ihr Westpreussens Wirren
sehen.

Die Zeit sollt Ihr erschauen, wo Euer Weichsel-Thal
Als eigner Staat sich abschloss, zum ersten und letzten
Mal.
Da seht Ihr Eure Väter im Landtag kämpfend eifern,
Parteiwuth selbst den Weisen, den Sternen-Freund,
begeifern.

Graudenz.

Saal neben der Sitzungs-Halle des Westpreussischen Landtages
Sommer 1523.

Copernicus und Seiffert treten ein im Gespräch

Seiffert.
Ich bin dir dankbar, dir und deinem Bruder —
Ja wohl, obgleich es schöner war in Rom,
Und bei Rom schöner selbst in der Campagna,
Obgleich ich sel'ger lebt' als freier Wilder
Bei Landleuten und Hirten, denn in Thorn
Als Secretär der guten alten Stadt
Und als ihr Abgesandter hier in Graudenz ...
Doch! Nicolaus! ich bin euch dankbar, beiden,
Dass ihr mich nach Westpreussen mit zurücknahmt!

Copernicus.
Und was will jetzt mein Jugendfreund von mir?

Seiffert.
Ich hab's dir schon gesagt, willst du mich nicht
Verstehen? oder sind in deinem Herzen
Auch Falten, wie bei andern Irdischen?

Copernicus.
Ist's dir so schwer, das grosse Wort zu nennen,
Dass du nicht zweimal wagst, es auszusprechen?
Sag's doch: ich soll zu Martin Luther schwören! Pause

Sie gehen mit hastigen Schritten nebeneinander auf und ab

Seiffert stehen bleibend.
Du nanntest einen grossen Namen, Freund!
Vergiss nicht, dass Columbus durch die Zeiten
Als helle Fackel leuchtet, ob auch Ketten

Im Sarg' er trägt. Nur jüngst verstarb er, und es
Rührt Fama schon die Schwingen — Glaub! nicht lange
Und mit Posaunen donnert's um den Erdball:
»Der diesen Erdball erst zum Ball gemacht,
»Die ganze Rundung des Planeten zeigte,
»Columbus war's«! — —
Und wenn, wie er, verleumdet von Verräthern,
Auch Luther vor des jungen Kaisers Augen
Nicht Gnade fand, wenn er geächtet jetzt,
Verschollen lebt, wir wissen selbst nicht, wo —
Glaub' mir! er steht neu auf, wie Christus einst
Der Heidenbrut zum Trotz erstanden ist.

Copernicus.

Viel grosse Männer sah die Welt verkannt.
Es ist gemein, von des Miltiades,
Von des Themistocles, von Belisars
Schuldlosem Urtheil reden; Socrates
Und Seneca und Andre sind ermordet,
Weil ihre Weisheit Enkeln erst bestimmt war ...

Seiffert.

So rechnest du doch Luther auch zu diesen?

Copernicus.

Mein Jugendfreund, hör' im Vertraun! ich achte
Melanchthon, Luther, Zwingli, all' die festen,
Obschon gewaltsam drängenden, doch tapfern
Reformatoren uns'rer heil'gen Kirche.
Gern denk' ich an Columbus, Guttenberg,
Die emsig-treuen Forscher — —

Seiffert

Wohl, ich weiss;
Fortfahren willst du: aber du seist gleich

Dem grössten aller Dieser; wenn Columbus
Die Erd' uns hat geoffenbart, hast du
Das ganze Weltall klar gemacht der Menschheit!

Copernicus.

Das weiss der Herr, der reiche Fürst der Geister,
Mein Herz ist rein, ich fühle keinen Dünkel.
O nein, Johannes, nein, nicht stell' ich mich
Dem grossen Meer- und Land-Durchforscher gleich.
Er schuf die neue Welt; ich habe, Freund,
Nur manches hier und da erwogen, habe
Nur mancherlei gelesen und betrachtet,
Und habe dann so still für mich gebrütet,
Und mir gedacht, es sei vielleicht die Welt
In andrer Art gestaltet, als wir glauben.
Noch aber — höre mich Johannes Seiffert —
Noch hab' ich nichts bewiesen, meine Zeit
Ist kurz gemessen, himmelgross die Arbeit,
Und oft erscheint in stiller Mitternacht mir
Vergebens alles Müh'n, umsonst die Hoffnung,
Den Gipfelpunkt der Wahrheit zu erklimmen!
Wir können hier nur glauben, rathen, meinen —
Einst wird die Wahrheit droben uns erscheinen.
  Pause, sie gehen auf und ab.)

Seiffert
fasst die Hand des Copernicus.

Gedenke meiner Jugend, schwer ist Waisen
Die sonst so schöne Kindheit. Euer Haus
Bot mir Asyl und hätte mehr geboten —
Wär' ich dem sel'gen Stern der Liebe dort
Allein gefolgt und nicht getrieben worden,
Für Menschenrecht und Wahrheit einzutreten.
Sei offen gegen mich, den vielgeprüften,
Doch, glaub' ich, auch bewährten Wahrheits-Kämpen.
Du hast dem Papst, — kannst du es leugnen, Bruder? —

Längst abgesagt, du bist in Rom verleumdet ...
Noch seit dem übereilten Ausspruch, den
Du dort einst im Colleg gethan, warst du
Beargwohnt, und wir staunten all', da du
Vom Papste nicht bestätigt blos, sogar
Mit Ehren wurdest überhäuft — und doch ....
Du weisst es, Nicolaus, du musst zagen,
Wenn einst der Tag kommt, wo dein Werk erscheint.

Copernicus.
Mein Werk? wer hat von meinem Werke denn
Zu dir gesprochen? Mensch! wer bist du, stehst
Mit Wesen du vielleicht im Bündniss, die ...

Seiffert.
Nicht deine klaren Augen will ich trüben,
Obschon manch blödes Aug' mein Blendwerk täuschte,
Darob die Thorner alten Weiber heimlich
Ein krankhaft Grau'n bei meinem Anblick fühlen,.
Dich kenn' ich, wie mich selber, Koppernigk!
Auf ein Ziel strebt dein ganzes Sinnen, Trachten,
Seit dreissig Jahren hin! Du willst die Mitwelt — —

Copernicus.
Du irrst, Freund! Mitwelt? nie hab' ich der Mitwelt
Gedenken mögen, was du auch willst sagen.
Glaub' mir, nicht für die Mitwelt streb' ich, für
Die Nachwelt nicht — die Menschheit kann von mir
Vielleicht niemals erfahren; dennoch forsch' ich —
Weil Gott mich so erschuf, ich kann nicht anders!
Muss Aug' und Sinn an seiner Welt erlaben,
Muss durch den Nebel mich zum Lichte graben,
Muss prüfen, forschen, preisen des Schöpfers Namen!
Ja, ja, hier stehe ich —
Ich kann nicht anders, helfe Gott mir! Amen!

Seiffert
legt ihm die Hand auf die Schulter

Ich bin von gröberm Stoff als du gemacht,
Kann nicht so überschwänglich ziellos streben.
Den Tag lieb' ich, du liebst die Sternennacht,
Du stille Denkerruh', ich wildes Leben. — —
Ja, heitres Menschentreiben ist mir mehr
Als aller Himmel hohes Sternen-Heer!
Nun höre mich, du treuster der Genossen —
Ein Traum ist's, den ich nicht vergessen kann,
Den ich als Kind gehegt, gepflegt als Mann,
Mein Trost, mein Stab auf irrer Lebensbahn!
Schön ist dies Land, vom Strom der Weichsel durch-
flossen,
Vom Meere begrenzt,
Von waldigen Höhen umkränzt....
Ein Land, drin Weinberg, Wies' und Kornfeld glänzt —
Du kannst es durchziehn in drei Tagen mit flinken Rossen
Vom Osten nach Westen, vom Süden bis zum Nord —
Und all dies Land, vom grauen Meeresbord
Bis hin zu Polens schwarzen Fichtenwäldern —
Soll ich dir, Koppernigk, Westpreussen schildern? —
Die Heimathflur, der liebsten Menschen Ort,
Ist nicht mehr frei, ist Fremden unterthänig!
Der Orden herrscht nicht mehr, doch Polens König!
O, könnte nicht dies Land sich so, wie dort
Im Süd das Alpenvolk) vom Druck befrei'n?
Sich selbst verwalten? Jede Stadt allein
Ein Staat im Kleinen und alle im treuen Verein
Zusammen ein grosses, einträchtiges Bruderland?

Copernicus.
Zu stiften solchen Bund sind wir ja hier . . . . .

Seiffert.
Doch fehlt Entschluss den Andern so wie dir!

Copernicus.
Entschluss muss rasch als kräftige That erscheinen...

Seiffert.
Das wünsch' auch ich, doch willst du dich nicht einen!

Copernicus.
Nur praktische Vorschläge bring' und ich stimme dir bei.

Seiffert.
So machen das Land wir vom Papst und vom Könige frei!

Copernicus.
Die Städte gewinnst du vielleicht an der Weichsel entlang.

Seiffert.
Im flachen Land hat Luther auch schon Anhang.

Copernicus.
Ein Bauern-Krieg wird dann, wie in Schwaben, entbrennen.

Seiffert.
Da musst du die wackern Nied'runger Bauern nicht kennen.

(Pause.)

Copernicus.
Und verjagst du auch die Mönche, Polens Herrschaft
nimmermehr.

Seiffert.
Steht Westpreussen fest zusammen, Polen hat kein solches Heer.

Copernicus.
Schnell geworben sind die Söldner, offen ist Westpreussen rings.

Seiffert.
Rechts beschützt uns Meister Albrecht, Brandenburgs
Joachim links.

Copernicus.
Nah verwandt sind diese beiden: Zwischenland ist rasch
erdrückt.

Seiffert.

Albrecht, jetzt des Ordens Meister, hat vor'm Kaiser
　　　　　　　　　　　　　　sich gebückt
Nur zum Schein, er möchte gern hier eig'ner König wer-
　　　　　　　　　　　　　　den, glaubt!
Ihrer Macht wird bald der Orden, bald der Papst von
　　　　　　　　　　　　　　ihm beraubt!
»Herzog« Albrecht will er heissen, Luther's Lehre
　　　　　　　　　　　　　　nimmt er an —
Kommt die Zeit, wird auch vom Enkel Königs-Mantel
　　　　　　　　　　　　　　umgethan.
Wir dann zwischen ihm und Polen sind ein kräftig
　　　　　　　　　　　　　　Mittelreich,
Und um unsre Landes-Freundschaft buhlen beide dann
　　　　　　　　　　　　　　zugleich.
Eins jedoch zu Liebe müssen wir dem Preussen-Herzog
　　　　　　　　　　　　　　thun:
Müssen gleich an Sinn ihm werden, wie er dort ent-
　　　　　　　　　　　　　　faltet nun,
Von uns stossen — kühn und schleunig — schnöden Trug
　　　　　　　　　　　　　　des Römerthums,
Rasch und froh Anhänger Luthers werden, Theiler sei-
　　　　　　　　　　　　　　nes Ruhms.

Copernicus.

Höre mich zum letzten Male, sagtest du nicht selbst
　　　　　　　　　　　　　　vorhin,
Dankbarkeit für mich und meinen Bruder fühle tief dein
　　　　　　　　　　　　　　Sinn?
Klein ist nur, Johannes Seiffert, was wir zwei für dich
　　　　　　　　　　　　　　gethan,
Aber doch bist dankbar du. Und ich, dess äussere
　　　　　　　　　　　　　　Lebensbahn,
Immer vorgezeichnet ward von uns'rer heil'gen Kirche
　　　　　　　　　　　　　　Regeln,

Soll jetzt unter ihren Feinden, feindlich ihr entgegen-
segeln?
Jetzt im Sturme, der die Kirche rings bedroht von allen
Orten,
Müssen alle ihre Diener wachend stehn vor ihren Pforten.
Braucht sie irgend wo Reform, so muss gesetzlich die
gescheh'n,
Und so lang die wilde Wuth tobt, jeder treulich bei ihr
stehn!
In der Kirche mildem Schatten wuchs ich auf von Kind-
heit an,
In der Kirche milder Leitung ging ich meine Lebens-
Bahn.
Nicht von ihr verdrängen wird mich aller Erden-Ruhm
und Lohn,
Bis zum Tod bleib' ich der Mutter treu, als dankbar from-
mer Sohn.
(Ab.)

Seiffert (allein).

Geh hin, du stiller Himmels-Schwärmer, geh',
Bekränze dich mit Sternen-Kronen! Ich
Will Fichten-Zweig' als Kranz mir winden lassen,
Will stehn bei meinem Volk im guten Kampf
Und mit ihm theilen, was der Kampf uns bringt.
Sei's Ehre, die der Sieg giebt — sei es Tod!

Anschwitz tritt ein.

Ich sah dich mit dem Pfaffen aus dem Saal
Der Landtags-Sitzung geh'n, was habt ihr vor?

Seiffert.

Johannes Anschwitz, alter Jugend-Freund!
Aus einer Stadt entstammt, gleichnamig mir,
Bist du mir denn auch treu im Leben jetzt?

Auschwitz (hohnisch).

Ich wundre mich, dass du auch einmal kannst
Ein trübes Antlitz zeigen; was geschah dir?

Seiffert.

Ja, Recht hast du, wie kann ich trübe scheinen,
Da doch mein ganzer Muth noch flammt und schafft!
Lass dich an mir nicht irre werden, Freund!
Sei du in Elbing treu dem grossen Plan,
Wo man seit Jahren schon dir gern gehorcht —
Ich will das Volk in Thorn dir redlich lenken.
Hier ist nichts mehr zu thun, ich eile heim.

Auschwitz.

Ein Wort noch, wie ist es mit Koppernigk's
Antrag, dass ganz Westpreussen sich vereint
Und eine Münzstätt' anlegt? Wird eu'r Thorn
Sich etwa fügen in die Abschaffung
Der Münz-Gerechtigkeit? Für Elbing kann
Ich schon zum Voraus sagen, nie wird uns
Im Guten eine Macht der Erde dazu
Bewegen.

Seiffert.

Ebenso kann ich als Thorner
Landbote gleich erklären: Nie wird Thorn
Ein fremdes Geld in seinen Mauern dulden!
Wir prägen unsre Münzen selbst, wenn auch
Rundum die Städte sich der Willkür fügen,
Und alles Land mit gleichen Münzen handelt.
Wir werden unser altes Thorner Geld,
Es sei, so schlecht es sei, doch stets behalten!
Gemüthlicher sind diese dicken, alten,
Vielfach begriffnen Kupferstück' und die
Wie Kupfer gelb gewordnen Silberlinge.

Auschwitz.

Höre! Es ist überhaupt (unter uns gesagt) einmal wieder so ein Vorschlag nach Koppernigk's Art, immer mathematisch, immer unpraktisch! Was Henker hat er mit dem Gelde gerade die Geschichte anzufangen und alten Wust aufzurühren? Wir hätten uns erst über die Regierung der Republik Westpreussen einigen müssen.

Seiffert.

Ach, sprich doch nicht mehr von Republik Westpreussen. Die Geschichte hat ausgespielt, noch ehe sie angefangen: ich gehe nach Thorn zurück und sehe, was sich dort noch gegen die römischen Katholiken thun lässt.

Auschwitz.

Nun ihr habt ja schon gut vorgearbeitet! Als der päpstliche Nuntius neulich mit der ganzen Geistlichkeit ein grosses Autodafé in figura mit Luther und seinen Schriften anstellen liess, da hätte ja nicht viel gefehlt, sagt man, so wäre der Nuntius und die ganze Geistlichkeit anstatt Luthers in das Feuer spaziert. Ist das wahr?

Seiffert.

Ja, es war zum Lachen! Das Bild von Martin Luther fiel aus den Flammen heraus; da stiess es der Nuntius mit dem Fusse hinein. Das eigensinnige Bildniss fällt auf der andern Seite wieder hinaus. Zwei eifrige Kapuziner kriegen es zu fassen, werfen es mit der grössten Hast zum dritten Mal in das Feuer und — siehe da, ein Hagel von Steinen fliegt über die ganze Sippschaft, dass die Pfaffen über Hals und Kopf in die Kirche flüchten müssen! Das kaum angesengte Bild Luthers wird auf Stangen gesetzt und im Triumph durch die Strassen getragen. Das Volk war ausser sich vor Freude; die Patres schlichen heimlich in ihre Zellen und der Nuntius, der ward nie mehr geseh'n!

Auschwitz.

Vortrefflich! aber in Elbing ist die Gährung schon
ebenso gross! Noch kurze Zeit und ihr sollt Wunder
hören! Ich werde am Ende auch lieber deinem Beispiele
folgen, den Landtag Landtag sein lassen und sofort nach
Elbing eilen.

Copernicus (tritt ein).

Ihr Thorner Jugend-Freunde steht beisammen,
Und steht mitsammen feindlich mir entgegen.
Wohl schmerzlich ist es, doch naturgemäss,
Dass, was vereint war, herb sich wieder trennt.
Ich aber denke des Gemeinsamen;
Und uns gemeinsam ist die Sorge für
Des Landes Wohlfahrt, dem wir angehören.
Vernehmt, was eben mir ein Bote meldet:
Hochmeister Albrecht hat sich losgerissen
Vom heil'gen Stuhl, erstrebt die Herzogs-Krone;
Der deutsche Ritterorden ist nicht mehr!

Seiffert.

Ich ahnt' es ja und sagt' es eben dir.
Westpreussens grosse Städte folgen rasch.
Was werdet ihr in Ermeland nun thun?

Auschwitz.

Wenn du voran gehst, Alle reisst du mit!
Vertreter bist du jetzt des Bischofs-Sitzes.
Erkläre dich in Graudenz hier sogleich
Für uns, und einig ist ganz Preussenland,
Ein starker Bund der freigewordnen Geister!
Verleugnest du uns jetzt, dann kannst du nie
Vor deinem eigenen Bewusstsein dich
Entschuldigen. Noch einmal ist die Waage
Vor dir im Gleichgewicht. Tritt zu uns über
Und wir vergeben dir dein langes Zögern.

Copernicus.

Ihr wisst, ich bin befreundet mit dem Herzog,
Wie er jetzt heisst, obwohl ich gegen ihn
Die Rechte des Kapitels musste wahren.
In Allenstein regiert' ich als Verweser
Des Domstifts, und er lud mich ein, zu ihm
Nach Königsberg zu kommen, seinem Rathe,
Georg von Kunheim, ärztlich beizustehn.
Ich habe jeder Zeit, der Pflicht getreu,
Der Kirch' und dem Gemeinwohl gleich gedient.
Was kann die Kirche sonst auch wollen, als
Das Wohl der Seelen zu befördern, die
In ihrem Frieden Seelen-Frieden suchen?

Seiffert.

Ja, Frieden! sieh mich an, ich bin der Tausend
Und aber Tausend Einer, die von ihr
Das Menschenrecht des freien Denkens
Vergeblich forderten — und giebt es Frieden
In einer Seele, die Vernunft und Glauben
Zwiespältig kämpfen fühlt in ihrem Innern?

Copernicus.

Ein neuer Glaube bleibt doch wieder Glaube,
Und meinst du, Eure Lehrer neuer Lehre —
Sie werden nicht von Neuem Satzungen
Als fest erklären und Gehorsam fordern?
Und wohl der Seele, die gehorsam still
Sich in der grossen Lebens-Räthsel Lösung
Ergiebt, wie ihr die Religion sie predigt!

Auschwitz.

Warum ergiebst denn du dich nicht der lange
Unangefocht'nen alten Lehre von
Dem Weltsystem, das Ptolomaeus predigt?

Copernicus.

Im Reich des Sichtbaren kann der Verstand
Mit wohlberechnetem Gebrauch der Sinne
Die Wahrheit wohl erforschen. Uebersinnlich
Ist aber das Gebiet der Religion,
Und für den grossen Haufen bleibt sich's gleich,
Ob Luthers Satzung, ob die alte Kirche
Den Sieg behauptet. Glaube will nur Glauben.
Doch mein Feld ist die strenge Wissenschaft,
Die keine Satzung duldet unerwiesen.

Auschwitz.

Dem grossen Haufen bleibt es auch wohl gleich,
Ob Ptolomaeus und die alte Lehre,
Ob des Copernicus Erfindung siegt!

Copernicus.

Nicht für der Menschen Glück und Wohlfahrt sorgt
Die Wissenschaft. Frei ist sie von der Rücksicht
Auf einen fremden Zweck. Ihr Ziel ist Wahrheit.
Schon einmal sagt' ich's: ob der redlichen
Forschung Ergebniss Heil bringt oder Unheil,
Das steht mir gleich. Gott gab den Drang zum Forschen,
Den Trieb nach Wahrheit meiner Seele. Gott
Stell' ich die Folgen meines Thuns anheim,
Thu' ich nur, was zu thun sein Schöpfer-Wille
Mich zwang. Ich kann nicht widerstehn, muss athmen,
Und athmen heisst auch denken, geistig athmen.
Und was ich denke, muss ich sagen — laut
Aussprechend meinen Denkgenossen es
Verkündigen. Das ist Naturzwang. Ohnmacht
Wär' alles Widerstreben. Gott befahl mir's.

Seiffert.

Und wär's bei uns denn anders?

Auschwitz.

Sind wir nicht
Wie du geschaffen, müssen forschen, grübeln
Und, was wir denken, laut verkündigen?

Seiffert.

Thut Luther nicht, was Gott zu thun ihn zwingt?

Auschwitz.

Wir sehn, die alte Kirchenlehr' ist Trug — —

Copernicus.

Und lehren neuen Kirchen-Bann und Zwang
Des freien Geistes! Zeiget mir, dass Luther
Ein wahrhaft freier Mensch, freidenkend ist —
Und seine Gründe will ich redlich prüfen!
So aber steht Behauptung gen Behauptung —
Recht haben will man hier, Recht haben dort.

Auschwitz.

Was hilft's! Partei muss man ergreifen. Du
Bist bei der römischen Partei und bleibst dort —
Im fetten Frieden deiner guten Pfründe!
Wir folgen neuen Bahnen, dem Panier
Der antiröm'schen nationalen Kirche.
Ganz Deutschland gährt und Preussenland soll schlum-
mern?
Wir all', die unsres Volk's Vertrauen hier
Zum Landtag von Westpreussen hat versammelt,
Wir sind entschlossen unsre Bürgerschaften —
Dem Beispiel treu des Herzogs von Ostpreussen —
Frisch loszureissen von der Kirche Rom's.

Copernicus.

Ich aber bleibe bei der Kirche Roms.

Auschwitz.

Wohlan! so ist der Landtag hier gesprengt.
Die Spaltung fall' auf euch, ihr Ermeländer,
Bischöflich unterwürf'ge Knechte Roms!
Dir aber sag' ich, dir, Copernicus,
Du hast dich losgesagt von deinem Volk!
Du stehst allein zur Seit' im grossen Kampf;
Zur Seite schiebt im Zorn dich auch dein Volk
Und sagt sich los von dir! Geh' hin zum röm'schen
Katholisch-unterwürf'gen Polenvolk.
Sie werden dich mit offnen Armen grüssen
Und dich als Polen feiern. Wünsch' ihm Glück,
Freund Seiffert, zu der neuen Landsmannschaft!

Copernicus.

Deutschland und Polen! Hättet ihr bei Nacht
Einmal mit mir auf meinem alten Thurm
Am Frauenburger Dom gesessen und
Hinauf geschaut zu jenen Welten droben —
Wie klein erschien' euch dieses Erden-Körnchen,
Wie winzig klein gar seiner Länder Flicklein!

Auschwitz.

Ja wohl, so klein! O prächtiger Gedanke!
Dich soll mein Elbing auf dem Stadttheater
Als Weltumschöpfer noch, als kleingrossäugigen
Weitsicht'gen Sterngucknarr'n bewundern. Herrlich!
Dein alter Glaub' und deine neue Lehre —
Dein Philosophen-Schein bei Domherrn-Ehre —
O welch' ein köstlich Mischmasch will ich kneten!
Du sollst hoch stehn ob allen Trugpropheten —
Ich will im Volks-Gefühl zu Mus dich treten.

ab.

Seiffert

will noch einmal reden, doch folgt er mit heftiger Geberde dem hinausgegangenen Auschwitz.

Copernicus (allein).

Auch Seiffert du? der dankbar treue? — Wohl!
Ich dient' einst ihm und dien' jetzt seinen Feinden,
Die er für feind sich hält, zu Feinden aufstürmt.
Ach arme Menschheit! Blut und Gräuel drohn
Um Worte — Namen! — Keimt ein Glaube neu,
Wird Lieb und Treu als Unkraut ausgerauft!
Heilt einst mein Weltsystem wohl dieser irdschen
Gotthelfer, Gottvertreter eitlen Erbwahn?
Tilmans Weissagung wird sie sich bewähren?
Die Jugend-Freunde konnt' ich nicht bekehren;
Sie schieden hassentflammt und rachsuchtvoll!
Ich aber gehe, wie ich kam, von Groll
Und Leidenschaft in tiefster Seele frei —
Froh dass der leere Meinungs-Streit vorbei.
Wär' erst die Amtslast ganz mir abgenommen!
Ach, Niemand ahnt, wie schwer mir's war, zu kommen
In dieser Eitelwelt Partei-Gebrause!
Wie leicht und froh ich kehr' in meine Klause!

Fünfter Aufzug.

Prolog.

Vorüber ist der Kampf, das Werk vollbracht!
Es war ein siebzigjährig Menschenleben —
Voll Arbeit Tag für Tag und Nacht für Nacht!
Nun wird sich erst sein voller Glanz erheben,
Ausbreiten seines Wirkens ganze Macht.
Ein weltumfassend, weltweit geistig Streben —
Durch alle Geistestiefen — grenzenlos —
Dehnt sich ein solches Denken weltallgross!

Und ist der heut'ge Tag, dies hohe Fest,
Euch Zeichen nicht, verehrte Festgenossen,
Dass sich in Zeitmass nie eingrenzen lässt
Ein geistig Wirken? dass es nur umschlossen
Zum Schein vom Mass des Lebens wird? Ermesst
Am heut'gen Festtag denn, wie weit ergossen
Durch alle Völker schon jetzt sei das Licht,
Das anbricht — da des Sehers Auge bricht!

Frauenburg

am 10. Februar 1543.

Gothisches Zimmer.

Copernicus *(allein)*.

Euch stille Kloster-Räume grüss' ich wieder
Aus denen ich, durch Amtes Zwang bewogen,
Stieg in die Taumelwelt der Menschen nieder.
Der ich mit Sternen nur Verkehr gepflogen,
Nahm auf den Kampf mit der vielköpf'gen Hyder,
Die man das Leben nennt; und nicht betrogen
Hat mich des Herzens warnend-leises Mahnen,
Das längst mich liess die Niederlage ahnen.

Und doch! ich musst' es thun, musst' auch erproben,
Was meine Brüder all' auf Erden tragen!
So hab' ich nicht die Last von mir geschoben —
Was sollt' ich nun mein Erdenloos beklagen?
Es ward ja Vielen vor mir gleich gewoben.
Wer lebt, muss auch den Kampf des Lebens wagen.
Ein Trost ist mein! was wahrhaft gut mir schien,
Zagt' ich zu preisen nie, nie zu vollziehn!

So will ich mich zum letzten Kampf bereiten,
Der ernste Gang steht nahe mir bevor — —
Nicht bang' ich vor der Fahrt in die dunkeln Weiten,
Die endlos liegen hinterm Grabes-Thor....
Mein letztes Stöhnen wird kein Ton begleiten,
Der sonst wohl schallet Sterbenden an's Ohr.
Nicht Freunde stehn um mich, Geschwister, Kinder — —
Vielleicht wird so des Sterbens Pein gelinder!

Allein am Grabesrand! Die Brüder schieden
Vor mir vom Reich der holden Sichtbarkeit.
Mich hat der Jugend-Freund im Zorn gemieden,
Und selbst im Tod' droht mir der wilde Streit.
Was weiß' ich noch hienieden? ewiger Frieden!
Sei mir willkommen nach der Sorgenzeit!
Vergebens war mein jahrelanges Mühen
Der Kampf steht noch und meine Kräfte fliehen.

So lass ich denn den Funken weiter glimmen,
Den ich entzündet, nicht zur Flamm' entfacht.
Den letzten Gipfel konnt' ich nicht erklimmen —
Vielleicht bricht nach mir wieder ein die Nacht.
Doch, was das Schicksal immer mag bestimmen,
Ich habe treu gedient auf hoher Wacht.
Zum letzten Mal will ich die Sterne sehen —
Wer weiss, wie bald ich werd' auf ihnen gehen!

(Er nimmt einen Leuchter und geht ab. Es wird finster auf der Bühne.)

Seiffert (im Aufzuge eines Flüchtlings) und
ein **Domherr** (treten ein).

Seiffert.

Er ist nicht hier! o führt mich schnell zu ihm.
Wie thöricht hab ich mit dem Freund gebrochen,
Der einzig mir erprobt war! jetzt erkenn' ich
Erst seinen Werth! Verbannt, geächtet, meiden
Die früheren Genossen mich des Bundes;
Zu ihm allein kann ich mich nun noch wenden.
O, führt mich hin, wie Alles auch mag enden!

Domherr.

Ich dachte doch, wir warten hier auf ihn —
Nicht lieb ist's ihm, an jenem hohen Orte
Gestört zu werden, der sein Heiligthum.

Seiffert.

Steht er auf seiner Warte noch? der Greis?

In kalter Frühlingsnacht? Herr, mich erschreckt
Dies rastlos stille Müh'n am Lebens-Ende.

Domherr.

Er geht jetzt selten mehr zur Ruhe Nachts,
Seitdem sein Bruder starb, mit dem er herkam
Vor Zeiten aus Italien, und mit dem er
Verwachsen war, als wären's Zwillinge.

Seiffert.

Andreas todt? Sei Friede mit dem Edeln!
Er war ein guter Mensch! ich schuld' ihm Dank.

Domherr.

Er starb auf eigne Art; man spricht nicht gern
Davon und flitstert nur geheim, den Bruder,
Den lebenden, quäl' es bitter, dass er nicht
Den liebsten Kranken hab' erretten können —
Er, der so manchen schon vom Grab' zurückzog.
Nun sollen sie sich Nachts dort oben sprechen,
Wo Jahre lang der grosse Astronom
Zum Himmel sah — oft klingt's dort oben seltsam.

Seiffert.

Solch Reden spricht sich schnell im Volk herum;
Doch ernste Männer sollten . . . . .

Domherr (einfallend).

Horch, was war das?

(Fernklingende Accorde wie Trauermusik hinter der Scene.)

Copernicus

(tritt ein, ohne die andern zu bemerken, mit einer erloschenen Kerze
in der Hand, geht schweigend an den Tisch und setzt den Leuchter
darauf).

Das war das Zeichen, das ich lang' erharrt:
Das Licht erlosch, das Leben will versiegen,
Vergangenheit wird rasch die Gegenwart,
Dem Allgemeinen muss auch ich erliegen.

Nicht mehr zu sein! .. Das Wesen sträubt sich hart.
Und doch, ich fühl's, wie alle Pulse fliegen!
Nur wenige Tage noch, vielleicht nur Stunden,
Dann ist des Pilgers Irrfahrt überwunden!
(Sinkt in den Lehnstuhl.

Seiffert.
Nicht länger halt' mich, lass mich vor zu ihm!
Den letzten Blick von ihm will ich noch suchen,
Des Athems letzter Hauch weh' mir Vergebung.
(Stürzt zu Copernicus Füssen.)

Domherr.
Er stirbt — ich eil' und wecke rasch die Brüder.
Ab.)

Copernicus (matt).
Steh' auf — ich kenne dich — steh auf vom Boden! —

Seiffert aufspringend ihm die Hände pressend).
Sag mir: du zürnst nicht; sag', ich irrte mich —

Copernicus.
Wer irrt nicht hier? und doch wird Gott nicht zürnen —
Lorbeer kränzt Helden- so wie Dichter-Stirnen.
Gott schuf uns so. Der Habicht jagt die Tauben —
Der Adler steigt zum Licht, — wer will's ihm rauben?
Ich hab's gefasst das heil'ge Sonnenlicht —
Fest steht es nun, erlöschen wird es nicht — —
Und doch! im Sterben quält mich bittres Sorgen —
Ist auch mein Licht in meinem Werk geborgen?
(Er entschlummert).

Seiffert.
Ein Himmel-abgestieg'ner Geist des Friedens
Hat diesen Körper einst beseelt. Er stieg
Zum Himmel wieder auf und lässt mich elend.
(Tritt in die Mitte.

Nach gleichem Ziele strebten wir; er mild
Und fest und klar, er wird gesegnet ewig!
Ich fuhr durch's Leben ungestüm und wild!
Die Frucht liess ich nicht reifen, stürmt' am Baume
Der Zeit und brach — zerbrach im wirren Traume
Mein schwebend Glück! — Nun hat, mein kühnes Hoffen
Zermalmend, mich des Sturzes Wucht getroffen.

(Pause. — Eine Schelle ertönt.)

Domherr (tritt hastig ein mit Licht. Die Bühne wird hell).

Joachim Rheticus (trägt ein Buch).

Domherr.

Copernicus, ehrwürd'ger Herr und Bruder!
Seht Euer Werk und seht....

Seiffert (unterbricht ihn).

Still Herr, er schläft! — —

Domherr.

O, weckt ihn immer auf! Die Nachricht ist
Mit Lebenskraft begabt, die wir ihm bringen.

Rheticus (legt das Buch auf den Tisch).

Hier liegt sein Erdenwerk vollendet.

Seiffert.

Ha! —
So ist es doch vollendet, was so lange
Der eig'ne Schöpfer vorenthielt der Menschheit?
Und er kann's nicht mehr seh'n! — —

Rheticus (vor ihn tretend).

Blick' auf, Copernicus!
Die Freunde rufen: Heil dir! Tiedmann Giese,
Dein einstiger Bruder hier, nun Bischof Kulms,
Klagt wehvoll um dein einsam Leben —

Seiffert.

Und Sterben!
Einsam gelebt, in Einsamkeit gestorben!
Vergebens rufst du ihn, Sein Auge brach!

Domherr.

Drum hiess Görg Donner wohl mit Recht dies Buch
Den Schwanensang des seligen Confraters
Ein langes Lied! er schrieb dran vierzig Jahre!

Seiffert (kniet links neben Copernicus), Rheticus und der Domherr stehen vor ihm; plötzlich erhebt sich Copernicus halb vom Stuhle und ruft zu dem ihn leidenschaftlich umschlingenden Seiffert).

Copernicus.

Verfolgt man dich? Sie thaten dich in Bann!
Sei ohne Furcht, ich war ein Knecht der Kirche —
Nicht einen treuern hatte Rom, und doch
Bin ich vom Papste selbst verflucht — sein Bannstrahl
Ist aber ohne Kraft — ich sag's, ich weiss ja
Nun Alles, was da ist und war, — ich sah — Ihn
                                      selber —
(erwacht völlig).

(Der Domherr ist mit Zeichen des Erstaunens hinweggetreten.)

Domherr

Er redet schaurig! So kenn' ich ihn nicht —
Ein fremder Geist nahm schon vom Leib' Besitz!
Blendwerk! Wann traf ihn denn des Bannes Blitz?

Seiffert (mit erhobenen Armen).

Stürzt nur zurück, ihr scheut das Sonnenlicht —
Schon tagt's! Des Morgens Pracht erstickt ihr nicht!

Copernicus völlig erwacht).

Doch still! wo sind wir? still — —

er erblickt das auf dem Tische liegende Buch, schlägt den Deckel auf und ruft:

Vollendet ist es — — —
Wie du befahlst, Herr, hab' ich es verkündigt:
Die Sonne steht, der Erdenball bewegt sich!

Rheticus.

Und hier — sieh' her, mein göttergleicher Meister!
Der Papst, der heil'ge Vater selbst, hat dir
Gestattet, ihm das stolze Werk zu widmen.
»Von den Revolutionen der Himmelskörper«,
So klingt herausfordernd sein kühner Titel.
O, was ich in den Jahren meiner Jugend,
Als ich von Wittenberg hiehergeeilt,
In Frau'nburg hier bei dir auf deiner Warte
Ergreifend schon empfand und was ich dann·
In meiner Schrift der Welt verheissen — jetzt
Ist Wahrheit es geworden: Dieser Erdball
Steht nicht mehr still. Du hast ihn aufgerüttelt
Aus träger Wahnesruh und fortgeschleudert
In's weite, wüste Meer der Weltalls-Räume.
Vorbei, vorbei sind jene stolzen Träume
Von gottgleich hehrer Wichtigkeit der kleinen
Am Erdentröpfchen Kriechenden. Nun scheinen
Die ew'gen Sterne nicht mehr unsertwegen;
Kein Knecht mehr ist die Sonne jetzt des trägen
Stillsteh'nden Erdballs. Sie treibt ihn zum regen
Fortrollen um ihr lichtgefülltes All.
Die Sonne steht. Es fliegt der Erdenball!
O, fühlst du Meister noch mit letzter Kraft,
Fühlst du, wie uns dein Wort der Ruh' entrafft,
Uns selbst erregt und vorwärts treibt im Fluge?

Mein Geist gehorcht dem allgemeinen Zuge,
Nicht Ruhe kennt er mehr; fort muss er streben
Zur letzten Wahrheit — kostet's auch das Leben!

Copernicus.

Du sagst's — mein Leben hat's gekostet — auf
Strebt jetzt mein ruheloser Geist. — Der Lauf
Des ird'schen Daseins ist — für mich — geendet!
In diesem Werk hat sich's versteint, vollendet —
In eins geballt! — Sein Müh'n war nicht verschwendet,
Nun nah' ich Ihm, der dazu mich gesendet,
Zu höherm, höchstem Ziel jetzt hin mich wendet,
Der dürstenden Seele reinste Labung spendet — —
Ich fühl's — — O Seligkeit — O Himmels-Wonne —
Der Erdball fliegt — mit mir — zur Geister-Sonne!

(er stirbt).